Martin-Niels Däfler

Das Gelassenheitsprojekt

Martin-Niels Däfler

DAS GELASSENHEITS-PROJEKT

18 Entspannungstechniken im ultimativen Selbsttest

GABAL

Externe Links wurden bis zum Zeitpunkt der Drucklegung des Buches geprüft.
Auf etwaige Änderungen zu einem späteren Zeitpunkt hat der Verlag keinen Einfluss.
Eine Haftung des Verlags ist daher ausgeschlossen.

Der Autor hat keinerlei Vergünstigungen oder Zuwendungen erhalten, sondern alle Kosten selbst getragen – er wurde von keiner Seite beeinflusst. Soweit echte Personen- oder Firmennamen genannt sind, haben die Betroffenen ihr Einverständnis erteilt. Die Bildrechte für die Fotos innerhalb der Kapitel liegen beim Autor; die abgebildeten Personen haben ihr Einverständnis gegeben.

Meiner lieben Mama, die mich zwar vergeblich das Stricken lehrte, mir aber dafür eine Menge anderer wichtiger Dinge beigebracht hat

Bibliografische Information der Deutschen Nationalbibliothek
Die Deutsche Nationalbibliothek verzeichnet diese Publikation in der Deutschen Nationalbibliografie; detaillierte bibliografische Daten sind im Internet über http://dnb.d-nb.de abrufbar.

ISBN 978-3-86936-833-7

Lektorat: Anke Schild, Hamburg
Umschlaggestaltung: Stephanie Böhme Strategische Konzeption und Design, Neuwied
Umschlagmotiv: Lovely Mandala / Shutterstock
Autorenporträt S. 174 und Umschlagklappe: Monika Harling
Fotos: Martin-Niels Däfler
Satz und Layout: Das Herstellungsbüro, Hamburg | www.buch-herstellungsbuero.de
Druck und Bindung: Salzland Druck, Staßfurt

Printed in Germany

www.gabal-verlag.de
www.facebook.com/Gabalbuecher
www.twitter.com/gabalbuecher

Inhalt

VORWORT

Wie mein Projekt entstand

»Oh, lieber Gott, allmächtiges Universum, heiliger Klappstuhl: Gib mir Geduld! Nicht schon wieder so ein beknackter Wursttheken-rentner! Ich könnte ausflippen!«, zische ich.

Meine Frau knufft mich in die Seite: »Pst, nicht so laut.«

»Ist doch mir egal. Der kann das ruhig hören. Lässt sich hier in aller Seelenruhe die Zusammensetzung von 14 Aufschnittsorten erklären, während wir es eilig haben. Kotzen könnt' ich.«

Es ist 17:20 Uhr an einem Freitag im Oktober und wir sind mit dem Wochenendeinkauf im örtlichen Supermarkt beschäftigt. Warum müssen Leute, die nicht berufstätig sind, immer dann ihre Besorgungen machen, wenn gestresste Arbeitnehmer ihre Erledigungen hinter sich bringen wollen? Es gibt Dinge im Leben, die ich einfach nicht verstehe.

»Jetzt reg dich doch nicht so auf, wir sind doch als Nächstes dran«, versucht meine Frau mich zu beruhigen.

»Und dann nimmt er bestimmt nur vier Scheiben Gelbwurst mit Petersilie. Nach 17 Uhr gehört Rentnern der Zutritt zu jeglichen Einkaufsstätten verboten.«

»Jetzt sei nicht so fies, ist doch nicht schlimm, wenn wir hier ein paar Minuten warten müssen.«

»Doch, ist es«, entgegne ich knapp und beginne, demonstrativ mit meinem Fuß auf den Boden zu tippen.

Endlich! 50 Gramm Zungenwurst – und dafür hat der sich zehn Minuten beraten lassen!

Schließlich haben wir es geschafft und kommen zur Kasse.

»Sie haben vergessen, Ihre Bananen zu wiegen. Warten Sie, ich spring gerade mal rüber in die Obstabteilung und mach das für Sie«, säuselt die Kassiererin und entschwindet. Vor uns: eine etwa 40-jährige Frau mit ihren beiden verzogenen Gören. Am liebsten würde ich alle drei auf der Stelle erwürgen. Wieder gehen uns kostbare Minuten verloren, wo doch heute Abend Freunde zu Besuch kommen und wir noch eine Menge in der Küche zu tun haben.

Auf der Heimfahrt stehen wir zu allem Überfluss auch noch im Stau. Ein Auffahrunfall führt zu massiven Behinderungen im Feierabendverkehr und treibt meinen Blutdruck in den vierstelligen Bereich.

»Ich wette, dass das 'ne Frau war!«

»Was ist denn heute los mit dir? Du bist ja dermaßen gereizt. Du brauchst mal eine XL-Portion Gelassenheit.«

Meine Frau hat ja recht. Der Tag war megastressig, ein Termin jagte den anderen, ständig klingelte das Handy und ich bin zu nichts gekommen. Wenn um 19 Uhr unsere Freunde vor der Tür stehen, würde ich gern mit den Vorbereitungen fertig sein. Kein Wunder, dass ich alles andere als entspannt bin. Und das, obwohl ich theoretisch so ziemlich alle Rezepte gegen Stress und Angespanntsein kenne. Schließlich habe ich eine Professur und lehre in diesem Bereich. Zudem habe ich mehrere Bücher dazu geschrieben. Dennoch gibt es immer mal wieder Situationen im Alltag, in denen ich genauso genervt und wenig gelassen bin wie die meisten anderen auch.

Ein paar Stunden später, als wir mit unseren Freunden zusammensitzen, schildert meine Frau die Erlebnisse beim Wochenendeinkauf. Mein Ärger ist inzwischen längst verraucht und ich kann ebenso wie unsere Gäste über meine Ungeduld grinsen.

Unseren Freunden ist solches Verhalten auch nicht fremd. Pia berichtet vom vergangenen Montagmorgen: »Ich hatte verschlafen und dann musste alles mal wieder ganz schnell gehen. In der Eile ist mir Himbeermarmelade vom Toast auf meine Bluse getropft. Sebastian suchte schon eine Viertelstunde nach seiner Monatskarte für den Bus und Ann-Cathrine wollte die zurechtgelegten Klamotten partout nicht anziehen. Kurz bevor wir dann endlich das Haus verlassen wollten, fiel Sebastian ein, dass er ja noch Mathe-Hausaufgaben zu erledigen hatte. Und ich sollte in 20 Minuten beim Kunden sein. Ich sag euch: Das ist die Vorhölle! Da braucht man Gelassenheit.«

Schnell sind wir uns in der Runde einig, dass jeder von uns Gelassenheit benötigt. Keine Frage: Insgesamt ist das Bedürfnis nach

Entspannung und (innerer) Ruhe in den letzten Jahrzehnten enorm gestiegen. Je schneller sich unsere Umwelt verändert, desto größer wird der Wunsch nach Stabilität. Je mehr Bälle der moderne Mensch gleichzeitig in der Luft halten muss, je umfangreicher das Angebot an Jauch-Plasberg-Will-Talkshows wird, desto dringlicher ist das Bedürfnis nach Stille und Rückzug. Deshalb kann es nicht überraschen, wenn der »Markt« für Gelassenheit beständig wächst.

> **Je mehr Bälle der moderne Mensch gleichzeitig in der Luft halten muss, desto größer ist das Bedürfnis nach Stille.**

Mein bester Freund Marcus lenkt das Thema in eine positive Richtung: »Wisst ihr, wobei ich mich am besten entspannen kann, wobei ich komplett das Büro und alles, was mich nervt, vergesse? Beim Fliegenfischen! Wenn ich sonntagmorgens im Main stehe und meine Schnur auswerfe, dann bin ich so was von gechillt.«

»Um Gottes willen! Das käme mir nie in den Sinn – gerade wenn man ausschlafen kann, früh aufstehen und sich in die Kälte stellen, nein, echt nicht. Wenn ich was für mich tun will, dann gehe ich zur Thaimassage, da bin ich völlig bei mir«, erläutert Diana ihr Geheimrezept.

Andreas zieht die Augenbrauen fast bis zum Haaransatz und gibt so sehr deutlich zu verstehen, was er davon hält. Er offenbart sein Mittel gegen Stress: Sport im Fitnessstudio, und zwar zwei- bis dreimal die Woche.

Caroline, meine Frau, schwört hingegen auf Yoga, und Pia zieht sich einmal im Jahr für ein paar Tage zum meditativen Bogenschießen zurück, was Marcus dazu veranlasst, sich in den Schneidersitz zu begeben und die Hände zu falten.

»Ja, ja, ich weiß schon, dass du da nix von hältst«, kommentiert Pia angesäuert.

Caroline will die Spannung rausnehmen und versucht zu beschwichtigen: »Na ja, jeder hat halt so seine Methode, um runterzukommen. Ich glaub, man kann gar nicht sagen, dass die eine Entspannungstechnik besser als die andere ist.«

»Oh doch, das kann man schon«, behaupte ich.

»So, inwiefern denn, Herr Schlaubischlumpf?«, fragt Caroline leicht schnippisch zurück.

»Nuuuuun«, setze ich an, »man müsste sich halt ein paar Kriterien überlegen, dann müsste man einfach die verschiedenen Sachen nur mal ausprobieren und anschließend bewerten. Dann hätte man ein ziemlich faires Ergebnis.«

»Wenn's so einfach geht«, meint Andreas, »dann mach das doch.«

»Da hat Andreas recht: Teste doch mal am eigenen Leib, wie es ist, eine Klangschalenreise zu machen oder Fliegenfischen zu gehen«, bekräftigt meine Frau.

Ehe ich mich versehe, sind sich alle einig und überbieten sich mit Vorschlägen, was ich alles unternehmen könnte: Qigong, eine Pediküre mit Fischen oder stricken lernen. Mit jeder weiteren Flasche Rotwein wächst die Liste der Entspannungstechniken, die zu untersuchen interessant wäre.

Irgendwann sind alle dann doch müde und der Ideenstrom ebbt ab. Bei der Verabschiedung meint Marcus: »Da bin ich mal gespannt, ob du wirklich den Gelassenheitstest machst. Wenn du es tust, dann nehm ich dich gern mit zum Fliegenfischen.«

Am nächsten Morgen – ich bin gerade dabei, das Geschirr und die Gläser des Vorabends zu spülen – lasse ich mir die Idee gründlich durch den Kopf gehen: Vielleicht wäre es tatsächlich ein lohnendes Unterfangen, mal all diese Methoden auszuprobieren? Je länger ich darüber nachdenke, desto mehr begeistere ich mich für diese Idee. Am Nachmittag fasse ich schließlich den Entschluss: Ich werde das Gelassenheitsprojekt wirklich angehen. Zusammen mit meiner Frau rekonstruiere ich die Vorschläge des vorherigen Abends und erstelle eine Liste, was ich alles unternehmen könnte. Das ist sicherlich keine objektive Zusammenstellung und widerspricht dem Vorgehen, das ich als Wissenschaftler gewohnt bin. Aber darauf kommt's hier schließlich nicht so an. Entscheidend ist ja, dass ich am eigenen Leib ganz konkrete Praktiken überprüfe, die andere Menschen anwenden, um sich zu entspannen.

Aus dem Plan ist inzwischen Realität geworden. Davon handelt dieses Buch: Ich werde von meinem ultimativen Selbsttest berichten.

Aschaffenburg, im Januar 2018
Martin-Niels Däfler

ES GEHT LOS

Das Gelassenheitsprojekt beginnt

Mein Entschluss ist gefasst – ich werde in den kommenden Monaten Methoden testen, mit denen Menschen versuchen, sich zu entspannen und gelassen zu werden. Welchen Maßstab könnte ich anlegen, um diese Techniken sinnvoll zu beurteilen? Ich besitze ein noch unbeschriebenes Moleskin-Notizbuch, das ich aus dem Schrank hole. Mit Großbuchstaben schreibe ich auf die erste Seite:

DAS GELASSENHEITSPROJEKT

Auf das folgende Blatt übertrage ich die 18 Vorschläge, die im Freundeskreis entwickelt worden sind und bislang nur auf einem Schmierblatt stehen. Auf der nächsten Seite notiere ich schließlich die Kriterien, die ich zur Bewertung heranziehen will:

1. **Fun-Faktor: Macht das Spaß?**
2. **Kosten: Was muss ich dafür ausgeben?**
3. **Durchführbarkeit: Wie leicht ist es, das im Alltag umzusetzen?**
4. **Zeitbedarf: Wie hoch ist der Zeitaufwand?**
5. **Eignung: Kann das jeder machen oder gibt es Einschränkungen?**
6. **Nachhaltigkeit: Wie lange hält wohl die Wirkung der »Maßnahme« an?**

Sechs Kriterien sollten genügen. Für jedes Kriterium soll es maximal fünf Sterne geben. Insgesamt waren damit also 30 Sterne zu erreichen. Ja, das ist ein einfaches und zugleich umfassendes Verfahren. Ich blättere zurück zur Übersichtsliste und gehe die einzelnen Punkte durch. Nö, mit der Entschlackungskur fange ich jedenfalls nicht an. Auf den Qigong-Kurs habe ich zunächst auch keine Lust. Und für das Fliegenfischen sollte das Wetter besser sein. Also gut, dann beginne ich mit dem, was vermutlich am meisten Zeit in Anspruch nimmt und was Andreas empfohlen hat – den Körper im Fitnessstudio zu formen. Ich hatte mir ja eigentlich ohnehin seit Ewigkeiten vorgenommen, mehr für meine Gesundheit zu tun. Aber jedes Mal, wenn ich den Entschluss gefasst hatte, mehr Sport zu machen, fiel mir sogleich eine Reihe sehr guter Ausreden ein, weshalb jetzt doch der falsche Zeitpunkt war: Mal war es der angestauchte Knöchel, mal die lebensbedrohliche Erkältung, mal die viel zu hohe Arbeitslast und der entsprechende Zeitmangel, mal die schöne Witterung, bei der man doch nicht so blöd sein und sich in geschlossenen Räumen bei Neonlicht abstrampeln kann, während es draußen mehr als genug Betätigungsmöglichkeiten gibt.

Beim Sport werden Stresshormone abgebaut und Glückshormone ausgeschüttet.

Ganz nüchtern halte ich mir nun die Vorteile vor Augen: Wenn man Sport treibt, werden Stresshormone abgebaut und Glückshormone ausgeschüttet. Wir schwitzen uns förmlich unsere Anspannung aus dem Körper. An Menschen mit einer guten physischen Verfassung prallt einfach mehr ab als an solchen mit einer eher labilen Konstitution. Kennen wir ja alle: Schon bei einem normalen grippalen Infekt sind wir deutlich weniger belastbar, als wenn wir gesund sind.

Jedenfalls ist meine Entschlossenheit, mein Gelassenheitsprojekt anzugehen, jetzt noch größer als zuvor. Ich mache mir einen Cappuccino und gehe damit in mein Büro, das sich nur eine Etage unter unserer Wohnung befindet. Am Schreibtisch klappe ich mein MacBook auf und gebe bei Google die Schlagwörter »Fitnessstudio Aschaffenburg keine Muckibude« ein. Hätte ich nie gedacht, dass wir so viele Studios haben. Allein auf der ersten Ergebnisseite finden sich fünf brauchbare Adressen. Davon kann ich allerdings zwei gleich ausschließen, weil die zu weit entfernt sind, schließlich will ich zu Fuß hingehen können. Ein weiteres Studio kommt nicht infrage, weil ich dem falschen Geschlecht angehöre – Ladies only!

Bleiben also zwei übrig. Die werde ich mir persönlich anschauen, und zwar gleich heute Nachmittag.

Ich beende die Korrektur der Klausuren, mit der ich den ganzen Tag beschäftigt war, gegen 16 Uhr und mache mich auf den Weg zum ersten Studio – einem Laden, den es schon bestimmt mehr als zehn Jahre in unserer Stadt gibt, der so schlecht also gar nicht sein kann. Ich schaue auf die Uhr, als ich die Wohnung verlasse, damit ich später weiß, wie lange die Laufzeit ist, schließlich ist das ja ein wichtiges Kriterium für die Auswahl meines zukünftigen Schwitztempels. Acht Minuten später stehe ich vor »Kai's Fitness-Oase«. Wie ich den falsch gesetzten Genitivapostroph hasse! Aber egal, die wollen hier ja keine Rechtschreib-, sondern Zumbakurse geben, also rein.

Ein leichter, wenngleich doch deutlich wahrnehmbarer Schweißgeruch empfängt mich. Im hinteren Teil des großen, offenen Raumes stehen etwa 30 verschiedene chromfarbene Trainingsgeräte, die größtenteils mit strampelnden, stoßenden und stöhnenden Menschen besetzt sind. Sie sind die Quelle des olfaktorischen Teppichs, der in der Luft schwebt.

Eine solariumgebräunte, reichlich geschminkte, etwa 55 Jahre alte Frau, deren Kleidergröße ganz klar über 36 liegt, steht hinter dem Empfangstresen und begrüßt mich mit einem herzlichen Lächeln. Sofort schießt es mir durch den Kopf: Entweder die Mitarbeiter bekommen hier keine Sonderkonditionen oder das Training ist nicht besonders effektiv. Na ja, vielleicht ist's auch nur eine Aushilfe.

»Guten Tag, ich wollte mich mal nach einer Mitgliedschaft erkundigen.«

Das Lächeln weitet sich zu einem breiten Grinsen. Ich vermute, dass sie Umsatzprovision erhält.

»Ja, wie schön, junger Mann.«

Sie will mir schmeicheln. Junger Mann! Die weiß genau, wie sie mich kriegt. Sie versteht ihr Handwerk.

»Haben Sie sich schon mal auf unserer Internetseite informiert?«

»Nein, nicht wirklich. Ich hab nur gesehen, dass Sie verschieden lange Vertragslaufzeiten haben.«

»Okay, dann lassen Sie uns doch mal einen Beratungstermin ausmachen.«

Wie? Ich dachte, ich bekäme das Studio sofort gezeigt und die Konditionen erklärt, ohne einen Termin vereinbaren zu müssen.

»Geht das nicht jetzt gleich?«

»Nö, wir wollen uns doch Zeit für Sie nehmen und unsere Personal Trainer sind gerade alle beschäftigt.«

Komisch, wie sie »Personal Trainer« ausgesprochen hat: deutsch, nicht englisch. Na ja, muss schließlich nicht jeder eine perfekte englische Aussprache haben. Außerdem passt's zum falschen Apostroph.

»Könnten Sie nächsten Samstag um 11 Uhr vorbeikommen?«

Ich zücke mein Smartphone und sehe, dass wir da nur abends einen Termin haben – wir sind zum Essen bei Freunden eingeladen –, daher sage ich zu.

»Tschüss und bis Samstag.«

Nachdem das ganze Gespräch keine fünf Minuten gedauert hat, gehe ich direkt von Kai's Fitness-Oase zur Niederlassung einer deutschlandweit vertretenen Fitnessstudiokette.

Schon beim Durchschreiten der Schiebetür habe ich ein besseres Gefühl als bei Kai. Kein Geruchsangriff auf meine Nase, gedämpfte Motivationsmusik im Hintergrund und dezentes, leicht bläuliches Licht. Auf einer DIN-A0-großen Kreidetafel im Eingangsbereich steht das »Motto des Tages«. Heute lautet es: »Tue deinem Körper Gutes, damit deine Seele Lust hat, darin zu wohnen.«

Das könnte ja nicht besser zu meinem Ansinnen passen. Ich glaube zwar nicht, dass Menschen in erster Linie deshalb Sport treiben, weil sie gelassener werden wollen, aber als angenehme Nebenwirkung stellen sich bestimmt ein etwas dickeres Fell und mehr Zufriedenheit mit dem Leben ein.

»Hallo, was kann ich für dich tun?«, fragt mich ein Mädel, das in Sportklamotten steckt und dank Firmenlogo auf dem Oberteil sofort als Mitarbeiterin zu identifizieren ist. Ihrer Figur nach zu schließen scheint es hier durchaus Rabatte für das Personal zu geben.

»Ich interessiere mich für eine Mitgliedschaft bei euch.«

Sie hat mich geduzt und so tue ich es ihr gleich. Aus meinem ersten Gespräch habe ich schon gelernt und ergänze: »Ich hab auf eurer Seite gesehen, dass ihr unterschiedliche Varianten von Mitgliedschaften anbietet, und wollte mich mal beraten lassen.«

»Okay, dann nimm doch hier drüben Platz« – sie zeigt auf eine Sitzgruppe rechts vom Empfang – »und warte einen kleinen Moment. Ich will mal schauen, wer für dich Zeit hat. Magst du was trinken?«

Na also, geht doch! Ich bekomme einen »Muscle Shake« serviert, der wie eine Mischung aus vergorener Ziegenmilch und Ahoi-Brause schmeckt. Ein paar Minuten später steht ein Typ vor mir, der vermutlich seit 20 Jahren täglich zwölf Stunden damit beschäftigt ist, seinen Körper zu definieren, also rein äußerlich so ziemlich das Gegenteil von mir.

»Hi, ich bin der JJ.«

Was? Jay Jay? Habe ich das richtig verstanden? Soll ich mich vielleicht mit R2D2 vorstellen? Ne, der wird wahrscheinlich wirklich so genannt. Eventuell haben ihm seine Eltern einen Vornamen gegeben, mit dem er sich jetzt nicht in die Öffentlichkeit traut? Jürgen-Joseph? Jens-Johannes? Jochen-Jason?

»Hi, ich bin der MN.« Ja, als Kommunikationsprofessor kann ich mich problemlos dem Duktus meiner Gesprächspartner anpassen.

»MN?«

»Na ja, eigentlich Martin-Niels.«

»Gut, Niels, du willst hier Mitglied werden?«

Er hat doch glatt den ersten Teil meines Vornamens ignoriert. Was soll's, ich sollte nicht so eitel sein.

»Na ja, bevor ich Mitglied werde, würde ich gern das Studio sehen und mir eure Konditionen erklären lassen.«

»Logan. Dann führ ich dich erst mal rum, und dann zeig ich dir, was für Möglichkeiten es gibt.«

Logan? Ach so, das heißt wohl »logisch«. Der Kerl ist ja noch keine 25, da spricht man wohl etwas anders.

JJ zeigt mir zuerst den Umkleidebereich und die Duschen. Hinter den Duschen seien die Sauna und der Ruhebereich, doch da könnten wir jetzt nicht rein, weil man da nichts anhaben dürfe. Dann erläutert mir das Muskelpaket die einzelnen Stationen: Brustpresse, die sie hier liebevoll »Butterfly« nennen, Kabelzug, Schulterstrecker, Rudergerät und 37 weitere Vorrichtungen, von denen ich annehme, dass sie auch Hannibal Lecter in seinem Arsenal hat. Ich sehe mich schon mit einer schmerzhaften Adduktorenzerrung mein erstes Training beenden.

Doch das war's noch lange nicht. Anschließend geht's rüber zu den Crosstrainern und den Ergometern. An der Decke hängen zwölf Monitore, auf jedem läuft ein anderer Sender. JJ bugsiert mich durch den Geräteparcours in den linken Bereich des riesigen Raumes.

»Das hier ist die Free-Style-Zone.«

Ich muss wohl geschaut haben wie ein Reh vor dem herannahenden Bierlaster, denn mein Reiseführer durchs Schweißuniversum ergänzt sogleich: »Hier kannste immer hin und Übungen mit Gewichten, Medizinbällen und Seilen machen. Außerdem haben wir da hinten Faszienrollen in jeder Größe.«

Faszienrollen? Auch noch nie gehört. Um nicht wieder wie ein Depp dazustehen, nicke ich souverän. Ich werde den Begriff daheim googeln.

Krönender Abschluss unserer Tour ist der Kursraum, ungefähr siebenmal so groß wie ein durchschnittliches Wohnzimmer, eine Wand komplett verspiegelt und an den beiden schmalen Seiten allerhand Gerätschaften, deren Namen ich nicht kenne und die hier höchstwahrscheinlich zu mir noch nicht bekannten Folterzwecken eingesetzt werden.

»AthleticFitness, Bauch Spezial, CapoeiraFit, deepWORK« sind nur ein paar wenige der Begriffe, die ich auf der riesigen Tafel neben dem Eingang zum Kursraum lese. Keine Ahnung, was sich jeweils dahinter verbirgt. Man wird mich aufklären.

»So, jetzt haste alles gesehen, lass uns mal wieder hinhocken und drüber quatschen, was du so vorhast.«

Der sprachverarbeitende Teil von JJs Gehirn scheint sein Wachstum in dem Moment eingestellt zu haben, als er mit dem Muskelaufbau begann – also vor ungefähr 20 Jahren. Immerhin verstehe ich, was er sagen möchte. Aber wie meinte er das mit »was ich vorhabe«?

»Warum willst du Mitglied werden?«

Ja, warum will ich ins Studio? Hmm, mit dieser Frage hatte ich nicht gerechnet. Das ist doch meine Sache. Wenn ich ihm erkläre, dass ich auf der Suche nach Gelassenheit bin, weil ich gelesen habe, dass körperlich fitte Menschen auch seelisch wesentlich belastbarer sind und dass Sport hilft, Stress abzubauen, dann versteht er das bestimmt nicht.

»Die Sommerfigur wird im Winter gemacht«, antworte ich verschmitzt.

JJ nickt anerkennend: »Ach so, du hast unsere Werbung gesehen?«

Das habe ich tatsächlich – in der ganzen Stadt sind Poster mit genau diesem Spruch plakatiert. Das ist mir aber gerade erst in diesem

Moment eingefallen und nicht schon heute Vormittag, als ich im Internet nach Studios suchte. Wie auch immer: Ich gebe vor, dass ich einfach ein bisschen abnehmen und insgesamt fitter werden will. Und irgendwie stimmt das schon auch.

»Ich hab noch bis Ende des Monats ein echt geiles Angebot. Wenn du jetzt abschließt für zwölf Monate, dann zahlst du keine Aufnahmegebühr, kriegst ein Schweißarmband geschenkt und (er macht an dieser Stelle eine bedeutungstragende Pause) noch 'nen Beutel vegane Erbsen-Hanf-Proteine obendrauf.«

So wie er mich ansieht, muss es sich bei den genannten Proteinen um etwas ganz Besonderes handeln. Ich sollte nicht zögern, dieses sensationelle Angebot anzunehmen, wer weiß, vielleicht gibt es nächste Woche nur einen Weizen-Karotin-Energieriegel als Zugabe?

»JJ, weißt du was: Gib mir den Vertrag, ich unterschreibe gleich.«

Damit habe ich ihn überrascht. Er hat mich wohl nicht als so entschlussfreudig eingeschätzt.

»Okay.«

Nun, Freude sieht irgendwie anders aus. Im Gegensatz zur Kai-Apostroph-S-Fitness-Oase-Mitarbeiterin bekommt er bestimmt keine Provision. Dementsprechend unaufgeregt schlurft JJ zum Empfang, holt dort einen Ordner mit Formularen und kommt wieder zu mir. Das Ausfüllen der Vordrucke ist für ihn eine echte Herausforderung. Man darf ja auch nicht zu viel erwarten. Gleichzeitig einen Körper wie der junge Schwarzenegger und einen IQ von mehr als 80 zu haben, wäre ein bisschen viel verlangt. Hätte ich mit meinem Gelassenheitstraining früher begonnen, wäre ich nun allerdings deutlich weniger angespannt. Mich hält es kaum auf dem Stuhl, als ich sehe, wie sich Mr. Body jede Zeile dreimal durchliest, bis er verstanden hat, welche Angabe er von mir benötigt.

Irgendwann reicht es mir. Den guten Ton wahrend, formuliere ich höflich: »Ach, gib mal her, ich glaub, ich kann das selbst ausfüllen – da kannst du dich wieder um die anderen Gäste kümmern.«

Erleichtert und dankbar nimmt JJ mein Angebot an. Er bittet mich, die Blätter dann bei seiner Kollegin abzugeben, und verabschiedet sich mit einem lässigen »Ciao«.

Nadja vom Empfang verrät mir, wie es weitergeht. Meine Mitgliedskarte würde nun angefertigt und wäre übermorgen fertig. Bevor ich mit dem Training loslegen könne, gebe es ein anderthalbstündiges Beratungs- und Einweisungsgespräch, bei dem auch mein individueller Trainingsplan erstellt und mir mein Schweißarmband sowie (Trommelwirbel!) die veganen Erbsen-Hanf-Proteine übergeben würden. Dazu sollte ich in den nächsten Tagen einen Termin vereinbaren. Eine Kopie der Vertragsunterlagen, zwei Dutzend Flyer mit Kursbeschreibungen, Werbung für Nahrungsergänzungsmittel sowie eine Übersichtsbroschüre mit den Öffnungszeiten bekomme ich zum Schluss überreicht.

Noch auf dem Rückweg, auf dem ich übrigens die Zeit stoppe, damit ich weiß, wie lange die Wegstrecke zu meinem zukünftigen Studio ist, greife ich zum Handy und sage bei Kai's Fitness-Oase unter dem Vorwand, ich hätte mich im Datum getäuscht und eine anderweitige Verpflichtung, den Termin für Samstag ab. Kurz vor unserer Wohnung komme ich an einem Dönerstand vorbei. Da ich ja ab sofort regelmäßig meinen Körper stählen und folglich etliche Kilos verlieren werde, gönne ich mir ohne jedwedes schlechte Gewissen eine Lahmacun, extra scharf – schließlich dauert's noch eine Stunde, bis wir zu Abend essen werden. Die Zwischenzeit will überbrückt sein.

* * *

Wie es mit dem Fitnessstudio weitergeht, erfahren Sie im Kapitel über Test 3.

TEST 1

Tätowieren – eine ewige Botschaft

Der nächste Punkt auf meiner Liste ist zweifelsohne derjenige, der den nachhaltigsten Eindruck machen wird. Im wahrsten Sinne des Wortes. Ich bin nämlich wild entschlossen, mich tätowieren zu lassen! Was das mit Gelassenheit zu tun hat? Natürlich will ich mir kein Arschgeweih oder Tribal stechen lassen, auch keinen Koikarpfen oder das Emblem meines Lieblingsfußballvereins. Letzteren habe ich zudem gar nicht. Worum es mir geht: Ich will eine dauerhafte, jederzeit verfügbare Erinnerung haben, die ich nur zu betrachten brauche, um runterzukommen, wenn ich mich aufrege oder mal nicht gelassen sein sollte. In der einschlägigen Literatur wird das als »Anker« bezeichnet – sich ein wie auch immer geartetes Objekt zuzulegen, mit dem man positive Gefühle verknüpft. Manche Leute stopfen sich herzförmige Steinchen in die Hosentasche, andere tragen ein Kupferarmband oder ein indianisches Amulett. Entscheidend ist: mit einem Gegenstand positive Gefühle zu verknüpfen und diese dann »abzurufen«, indem man in einer belastenden Situation dieses Ding anschaut oder anfasst. Was wäre da besser geeignet als ein Tattoo? Vor genau drei Herausforderungen stehe ich nun:

Das Tattoo dient als Anker: als jederzeit verfügbare Erinnerung, um runterzukommen.

1. Welches Symbol, Motiv oder welcher Sinnspruch sollte künftig meinen Körper zieren?
2. Welche Körperstelle wäre am geeignetsten?
3. Bei welchem Tattoostudio sollte ich das Ganze ausführen lassen?

Ich nehme mir einen Zettel und notiere mir schon mal meine Ideen zu Punkt 1. Nach einer halben Stunde des Nachdenkens steht darauf:

- Strahlende Sonne
- Stilisierter Buddha
- Lächle – du kannst sie nicht alle töten
- Wolken
- Amor fati (auf Deutsch: Liebe zum Schicksal)
- DAEFLER.DE
- Ying-und-Yang-Symbol
- 30.04.2036 (= das Datum, an dem ich in Rente gehen möchte)
- शान्ति (Sanskrit, ausgesprochen »Shanti«, schwierig zu übersetzen, am ehesten: Ruhe des Gemüts, Seelenruhe, innerer Friede, innere Stille; das Ruhen der Sinne / Leidenschaften)
- Niklas und Klara (die Namen meiner Kinder)
- Omnia tempus habent (auf Deutsch: Alles hat seine Zeit)
- Nein, ich habe keine Payback-Karte (könnte ich zukünftig immer beim Rewe und beim dm vorzeigen)
- 無為 (chinesische Schriftzeichen, ausgesprochen »Wu Wie«, soll heißen: »Handeln durch Nichthandeln«)

Ich betrachte das Ergebnis meines Brainstormings und bin sehr zufrieden mit meiner Ausbeute. Die Entscheidung stelle ich zurück, bis ich Schritt 2 absolviert und eine geeignete Körperstelle identifiziert habe.

Dem Internet sei Dank, ist es heute ja ein Leichtes, an jede x-beliebige Information zu gelangen. Für jedes noch so abwegige Thema gibt es Foren, Blogs oder eigene Webseiten. So natürlich auch für mein Problem. Ich finde eine Seite, auf der sämtliche Körperpartien aufgelistet sind, an denen gestochen werden kann. Von Kopf bis Fuß kommt so ziemlich jede Stelle infrage. Wie ich lerne, sogar im Genitalbereich, was ich mir allerdings nicht einmal vorzustellen wage. Realistischerweise bleibt eigentlich nur der Unterarm übrig, wenn das Tattoo den beabsichtigten Zweck erfüllen soll – mir bei einem Blick darauf Gelassenheit zu schenken. Weder Bauchnabel noch Gesäß oder Schulter sind da geeignet. Linker oder rechter Unterarm? Der Gewohnheit halber: links. Dort trägt man ja üblicherweise auch seine Uhr.

Damit wäre die ideale Platzierung geklärt. Zurück zum Motiv.

»Schatz, was meinst du?«

Ich zeige meiner Frau die Liste mit meinen Ideen.

»Also, Sonne, Buddha und Wolken sind ja wohl nicht sonderlich originell. Und mit dem Ying-und-Yang-Symbol gewinnst du auch nicht gerade einen Kreativitätspreis.«

»Will ich ja auch gar nicht! Was hältst du von ›Lächle – du kannst sie nicht alle töten‹?«

»Kannst du schon machen, aber dann hast du halt deinen gesamten Unterarm, vom Ellbogen bis zum Handgelenk, tätowiert.«

Da hat sie recht. DAEFLER.DE und das Datum, an dem ich in Rente gehen möchte, findet sie nur mäßig witzig. Ebenso »Nein, ich habe keine Payback-Karte« – das hätte doch wohl rein gar nichts mit Gelassenheit zu tun. Die Namen der Kinder zu verewigen, sei zwar eine nette Überlegung, doch auch hier wäre der Bezug nur mit ein paar geistigen Verrenkungen zu erkennen. Damit sind noch im Rennen:

- Amor fati
- शान्ति
- Omnia tempus habent
- 無為

Wir sind uns einig, dass es einer dieser vier Begriffe sein soll. Präferenzen hat keiner von uns.

»Weißt du was«, schlägt meine Frau vor, »wir schreiben alle vier Sprüche auf kleine Zettel, knicken sie um und dann ziehst du einen.«

Für solche Ideen liebe ich sie.

Ich ziehe »Shanti« – den inneren Frieden. Mit der Wahl bin ich glücklich. Es ist kurz genug, um nicht groß aufzufallen, noch dazu etwas ominös (die Sanskrit-Kenntnisse der meisten Deutschen sind nur rudimentär ausgeprägt) und zudem inhaltlich perfekt passend.

Über die Google-Bildersuche gelange ich an den Schriftzug als jpg-Vorlage, drucke diese aus und halte sie mir versuchshalber an den linken Unterarm. Sieht gut aus, geheimnisvoll und sexy zugleich. Jetzt gilt es nur noch, ein passendes Tattoostudio zu identifizieren. An und für sich ist das keine Herausforderung, sind doch seit einigen Jahren solche Etablissements in den Innenstädten häufiger anzutreffen als Buchhandlungen. Wie Nagelstudios und Spielhallen findet man sie inzwischen in fast jeder zweiten Straße. Doch wie die Spreu vom Weizen trennen? Wo ist es sauber, hell, hygienisch? Wo ist der Tätowierer qualifiziert und beherrscht sein Handwerk? Wo wird man umfassend über Risiken und Nebenwirkungen aufgeklärt?

Diesmal vertraue ich nicht dem Internet, sondern meinem Freund Marcus, der den Tipp neulich bei unserem denkwürdigen Rotweinabend gegeben hat. Er hat sich selbst vor einigen Jahren ein Tattoo stechen lassen und ist offensichtlich nicht infolge einer Sepsis verstorben. Im Telefonat schwärmt er von »Tommy's Tattoo-Studio« in der Nähe des Hauptbahnhofs. Ich solle allerdings darauf bestehen, dass Tommy selbst die Ausführung übernimmt.

Ob Tommy ein Bruder von Kai ist? Beide scheinen eine Vorliebe für die falsche Verwendung des Apostrophs zu haben. Egal, Hauptsache, er macht keinen Fehler, wenn er mir »Shanti« eingraviert. Da ich ein paar Tage später mit dem Zug zu einem Geschäftstermin fahren muss, beschließe ich, bei dieser Gelegenheit in Tommys Studio vorbeizuschauen.

Es ist so weit. Sein Laden ist nicht schwer zu finden. Von außen macht er einen halbwegs gepflegten Eindruck, wobei die unmittelbare Nachbarschaft nicht sonderlich einladend wirkt: links ein Ein-Euro-Shop und rechts ein Handyladen, der meiner Vermutung nach eher der Geldwäsche denn dem Absatz von Mobiltelefonen dient. Um diese Uhrzeit, gegen 10 Uhr, scheint die Nachfrage nach zustechenden Dienstleistungen nicht groß zu sein, jedenfalls sehe ich erst mal niemanden. Wenige Augenblicke später taucht ein Kopf zwischen den Hälften eines Stoffvorhangs auf, der den Eingang zum rückwärtigen Teil des Raumes bildet. Dort müssen sich die Behandlungskabinen befinden.

»Hi.«

»Hallo.«

Pause. Ich warte, dass ich gefragt werde, was ich wünsche. Doch es kommt: nichts. Sonderlich gesprächig scheint Tommy nicht zu sein, weshalb ich die Initiative ergreife: »Ein Freund hat mir dich empfohlen.«

Im Fitnessstudio habe ich gelernt, dass nicht in allen Lebenssituationen die Sie-Form erforderlich ist.

»Hmmm.«

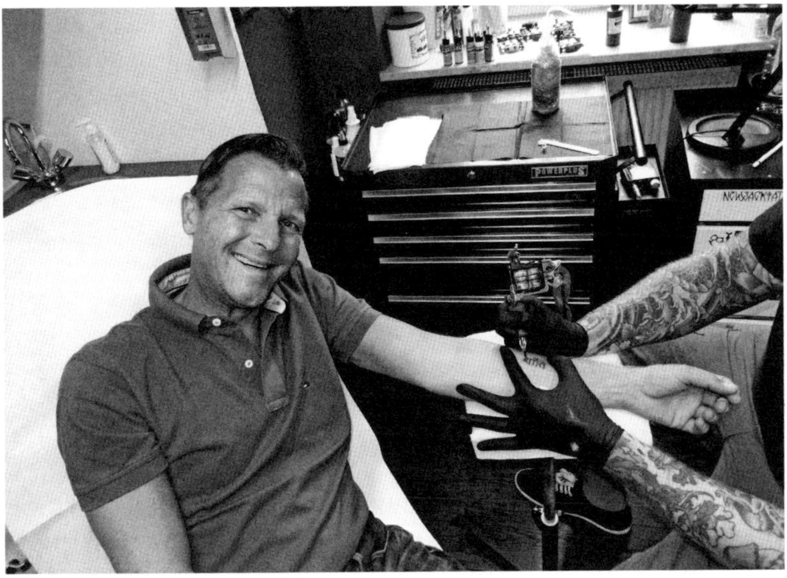

Wahrscheinlich ist es noch zu früh am Tag für Tommy, um Zwei-Wort-Sätze zu bilden. Ich hole meinen Geldbeutel hervor, in dem ich den Ausdruck meines gewünschten Motivs verstaut habe, und reiche ihn hinüber.

»Jo. Und das willst du dir stechen lassen?«

Na also, seine Zunge ist glücklicherweise doch zu Bewegungen fähig.

»Hier am linken Unterarm hätte ich es gern.« Ich streife meinen Anzugärmel zurück und knöpfe mein Hemd auf.

»Okay. Dann lass uns einen Termin ausmachen.«

»Ich komme morgen um 17:34 Uhr zurück. Hättest du da Zeit?«

Tommy zückt sein Smartphone und schaut nach: »Jo, passt.«

Beim Hinausgehen drückt er mir noch ein Infoblatt in die Hand. Als ich im Zug sitze, ziehe ich es heraus. Es erklärt den Ablauf des Tätowiervorgangs sowie die möglichen Nebenwirkungen. Ich soll mich vergewissern, dass meine Impfungen (besonders gegen Hepatitis und Tetanus) noch auf dem aktuellen Stand sind. Außerdem sollte ich gesundheitlich fit sein und vor allem keine Herzkrankheiten, Allergien, Diabetes, Hautstörungen, Probleme mit dem Immunsystem oder Infektionen haben. Schwanger darf ich auch nicht sein. Nun,

Letzteres kann ich definitiv ausschließen. Mögliche Komplikationen können sein: Ausschläge, Schwellungen, Entzündungen, Rötungen, Juckreiz. Auch Hepatitis C kann auftreten. Na klasse – ich glaube, ich sag den Termin wieder ab, das klingt ja lebensgefährlich.

Am nächsten Tag, um 17:09 Uhr, noch im Zug, kurz vor Aschaffenburg: Nein, ich ziehe das jetzt durch.

17:11 Uhr: Bin ich blöd, dass ich so was mache!

17:16 Uhr: Jetzt stell dich nicht so an!

17:22 Uhr: Ich könnte das ja auch mit Edding aufmalen.

17:24 Uhr: Bist du ein Mann oder eine Memme?

17:28 Uhr: Es gibt insgesamt 18 Punkte auf deiner Liste – da macht's gar nichts, wenn du einen streichst.

17:33 Uhr: Andererseits sieht so ein Tattoo ja auch echt cool aus. Ja, ich werde mich stechen lassen.

Kurz darauf stehe ich in »Tommy's Tattoo-Studio« und werde mit einem angedeuteten Kopfnicken überschwänglich vom Inhaber begrüßt. Mit dem Kinn weist er mir den Weg zu den Kabinen. Aha, heute wieder sehr mitteilsam.

In der Kabine ziehe ich mir schon mal mein Hemd aus. Ich bin aufgeregt, hatte mir Marcus doch erzählt, dass es nicht ganz schmerzfrei sei. Genau genommen tue es sogar ziemlich weh. Noch könnte ich abhauen, einen Anruf vortäuschen, der mich zum unmittelbaren Aufbruch veranlassen würde. Ja, das werde ich tun. Doch meine Flucht scheitert, weil Tommy in diesem Moment hereinkommt. Er greift zu einem Einmal-Rasierer.

»Zeig mal, wo genau du dein Tattoo haben willst.«

Ich deute auf die Mitte meines linken Unterarms.

»Und du bist dir ganz sicher, dass ich das machen soll?«

Warum will er mich jetzt verunsichern? Meiner Mimik entnimmt der Herr der Tätowiernadeln offenbar, dass ich gar nicht so entschlossen bin, wie ich bei meinem ersten Besuch vorgegeben habe.

»Schau, es kommen immer mehr Leute zu mir, die sich ein Tattoo entfernen lassen wollen. Da bin ich im Laufe der Zeit vorsichtiger geworden und frag lieber noch mal nach. Man weiß nie, was im Leben noch passiert, nichts ist für die Ewigkeit.«

Jetzt hat er den gesamten Wortvorrat für einen ganzen Tag auf einmal verbraucht. Aber Tommy hat zweifelsfrei recht. So ganz nebenbei hat er etwas sehr Wichtiges gesagt.

»Doch, Tommy, ich könnte nicht sicherer sein.«

Das ist gelogen, doch letztlich siegt meine Willensstärke über die vorhandenen Zweifel.

Ich will es kurz machen: Irgendwie habe ich dank extremer Selbstdisziplin und männlichem Heldenmut die Prozedur überlebt. Nach 20 Minuten war der Schriftzug mit den Sanskritbuchstaben in Dunkelblau eintätowiert. Die Wunde sollte ich die nächsten 14 Tage mit einer Creme versorgen sowie beim Duschen abkleben.

Und tatsächlich heilten die Stiche innerhalb von zwei Wochen ohne Komplikationen ab.

Das Däfler-Test-Ergebnis

Fun-Faktor:	☆☆☆☆☆	Hier von Spaß zu sprechen, käme nur einem Masochisten in den Sinn.
Kosten:	★★★☆☆	Mein Tattoo hat mich 80 Euro gekostet. Dafür, dass ich es ein Leben lang haben werde, finde ich das recht günstig.
Durchführbarkeit:	★★★★☆	Inzwischen gibt es in Deutschland mehr Tattooläden als Bäcker – da sollte jeder, der sich stechen lassen will, ein passendes Studio in seiner Nähe finden.
Zeitbedarf:	★★★☆☆	Einerseits recht einfach – in kurzer Zeit ist das gewünschte Motiv gestochen. Andererseits kostet es schon enorme Überwindung …
Eignung:	★★★★☆	Jeder, der volljährig ist und keine Hautprobleme oder Diabetes hat, kann sich tätowieren lassen.
Nachhaltigkeit:	★★★★☆	Definitiv gegeben – werde ich, bis ich in die Gruft einfahre, nicht mehr los.
Ergebnis	18 von 30 ★	

TEST 2

Entrümpelungsaktion – Ballast abwerfen

Ein Hochgefühl hat sich eingestellt. Mein Tattoo ist ein erstes sichtbares Zeichen dafür, dass es mit meinem Projekt vorangeht. Einen Termin für das Beratungs- und Einweisungsgespräch im Fitnessstudio habe ich gestern auch vereinbart und am heutigen Freitagabend soll schon der nächste Punkt meiner Liste in Angriff genommen werden. Ich habe meine Frau davon überzeugt, das Wochenende bei ihren Eltern in der Pfalz zu verbringen. Sie hätte bei dem, was ich im Schilde führe, hinderlich sein können, denn ich will unsere Wohnung entrümpeln. »Nein, das wird bestimmt wieder in Mode kommen, das kannst du nicht in den Rote-Kreuz-Sack tun« oder »Schmeiß bloß nicht den Zinnteller weg, den haben wir doch von Tante Traudel zur Hochzeit bekommen« – solche und ähnliche Kommentare würden meinen Plan schon nach wenigen Minuten durchkreuzen und ad absurdum führen.

»Also dann viel Erfolg beim Schreiben deines Fachartikels, und denk daran, dass ich für dich vorgekocht habe. Die Rouladen stehen im untersten Kühlschrankfach«, verabschiedet sich meine Frau am Freitagabend.

Ich habe ein ganz schlechtes Gewissen, denn ich habe geflunkert. Mein Vorwand war, dass ich einen komplizierten Fachbeitrag verfassen wolle und dazu absolute Ruhe brauche. Der liebe Gott mag mir diese kleine Sünde bitte nachsehen.

»Die Ordnung im Äußeren ist der Spiegel der Ordnung im Inneren« – das habe ich in dieser oder ähnlicher Form in mehreren Ratgebern und Feng-Shui-Abhandlungen gelesen, zusammen mit dem Hinweis, dass es enorm befreiend wirken würde, wenn man seine Wohnung mal gründlich ausmistet und sich von all den Sachen trennt, die kaputt, überflüssig, doppelt oder unbrauchbar sind. Wenn wir physischen Ballast über Bord werfen, kommt dies auch unserer Psyche zugute, so die Argumentation. Je aufgeräumter und übersichtlicher das Umfeld, je wohler wir uns in unseren vier Wänden fühlen, desto mehr Sicherheit und Leichtigkeit würden wir verspüren und desto gelassener wären wir. Klingt logisch und so will ich genau das jetzt tun: Ordnung schaffen.

Ich notiere, was ich alles erledigen will, bis Caroline am Sonntagmorgen wiederkommt. Nach zwei Flaschen Bier hat die Liste der To-Dos einen erklecklichen Umfang angenommen:

- Altglas wegbringen
- Verdorrten Ficus benjamini entsorgen
- Leergut zum Getränkehändler fahren und Nachschub mitnehmen
- Speisekammer nach abgelaufenen Lebensmitteln durchforsten
- Schuhschrank neu sortieren
- Schmutzwäsche-Sammelsystem überlegen
- Kühlschrank auswaschen
- Oberste Küchenschublade mit Krimskrams ausmisten
- Defekte Glühbirne der Wohnzimmerlampe austauschen
- Verschmutzte Kleider in die Reinigung bringen
- Bibliothek von Nippes befreien

Zufrieden betrachte ich das Ergebnis meiner Überlegungen und beschließe, heute Abend schon mal das Leergut, das Altglas sowie die Sachen für die Reinigung bereitzustellen. Eine Viertelstunde später ist das erledigt. Weil es noch nicht so spät ist, hole ich mir einen Müllsack und stopfe den Ficus hinein, der ein wahrhaft jämmerliches Bild bietet. Erst hatte ich ihn (in bester Absicht, wie ich betonen möchte) ertränkt und dann wochenlang austrocknen lassen. Diese Radikalkur hat er nicht überlebt, daher findet er nun sein Grab in einem hochfesten, blauen 120-Liter-Müllsack, den ich wie schon das Leergut und die anderen Sachen, die außer Haus zu schaffen sind, ebenfalls vor die Wohnungstür befördere.

Wo der Ficus stand, klafft nun eine Lücke. Die Ecke sieht irgendwie leer aus. Wenn ich das Sofa ein wenig nach rechts rücke und die Sessel nach links, sollte das kaum auffallen. So würde es luftiger wirken – ganz im Sinne von Feng Shui! Das ist ja bekannt: Feng Shui ist die Fähigkeit, die Schuld für alles, was im Leben schiefläuft, auf falsch stehende Möbel zu schieben.

Gerade als ich den Teppich zurückgerollt und den Couchtisch auf die Seite gewuchtet habe, klingelt mein Handy:

»Hallo Schatz, ich bin gut angekommen.«

»Super«, schnaufe ich erschöpft.

»Was ist denn los? Du klingst abgekämpft?«

Mist! Ich kann schlecht sagen, dass ich gerade dabei bin, die Wohnung auf den Kopf zu stellen, sonst ist sie in zwei Stunden wieder da und verdirbt mir mein Vorhaben.

Geistesgegenwärtig antworte ich: »Ich hab nur gerade den Müll runtergebracht und bin ein wenig außer Atem. Wird Zeit, dass ich mit dem Training im Fitnessstudio beginne.«

»Wie? Abends um zehn bringst du den Müll weg? Was ist denn mit dir los?«

Es geht darum, im doppelten Sinne Freiräume zu schaffen.

Ich reite mich immer tiefer in die Kacke, aber wer einmal lügt, muss konsequent sein: »Ja, ich hatte mir einen Döner geholt und nicht ganz aufgegessen. Ich wollte nicht, dass die restlichen Zwiebeln mit ihrem Gestank die ganze Küche verpesten.«

»Wieso hast du dir denn nicht die Rouladen warm gemacht?«, kommt es leicht vorwurfsvoll zurück.

Lieber Gott, bitte nicht böse sein! Zur Buße für meine Lügerei werde ich einen Monat lang kein Bier mehr trinken. Okay, eine Woche reicht vielleicht auch. Na ja, heute werde ich jedenfalls darauf verzichten.

»Weil ich mich noch ein bisschen länger darauf freuen und sie deshalb erst morgen genießen wollte.«

Versöhnt wünscht Caroline mir eine gute Nacht und legt auf.

Puh, das war knapp. Ich räume Sofa, Sessel und Couchtisch um, bin allerdings mit dem Resultat nicht glücklich. Nun ist zwischen dem Bücherregal, einer fünf Meter langen, offenen Regalkombination eines bekannten schwedischen Einrichtungshauses, eine neue leere Stelle entstanden. Wobei: Genau darum geht es ja eigentlich – Freiräume zu schaffen, mehr Luftigkeit in die Wohnung zu bringen, die Energie fließen zu lassen. Dann müsste ich aber konsequenterweise noch mehr rausschmeißen.

Kurz vor Mitternacht gleicht unser Wohnzimmer einem hochsterilen Operationssaal. Das Sideboard (mit dem guten Geschirr) habe ich in den Flur geschoben, wo ich es morgen abbauen werde. Den Inhalt werde ich in Kartons verpackt in den Keller stellen. Wir haben ohnedies schon jahrelang nicht mehr davon gegessen. Die Stehlampe leistet dem Ficus vor der Tür Gesellschaft und wandert morgen mit auf den Recyclinghof. Sie war bislang ein reines Dekoobjekt. Wenn es zu dunkel war, haben wir ausschließlich das Deckenlicht angemacht. Die 1,20 Meter hohe Holzskulptur, die wir in geraumer Vorzeit mal auf einem Kunsthandwerkermarkt erstanden haben, kann ich bei eBay bestimmt gut losbekommen. Das gleiche Schicksal erwartet nun auch den Couchbeistelltisch, auf dem bis dato die ungelesenen Zeitschriften (meist vergeblich) darauf warteten, doch noch in die Hand genommen zu werden. Den Lesestoff verfrachte ich, ohne ihn auch nur durchzusehen, zum Altpapierstapel.

Mit einer Mischung aus Stolz über das Geleistete und Gewissensbissen ob meiner Schwindeleien lege ich mich müde zu Bett – schließlich will ich morgen eine ganze Menge erledigen.

Am nächsten Morgen geht es schon früh weiter.

»Was ist denn da in dem Sack drin?« Auf dem Recyclinghof nimmt man es sehr genau. Hier darf nichts abgeladen werden, was nicht für die Kreislaufwirtschaft bestimmt ist. Mir liegt es schon auf der Zunge zu sagen, dass sich in dem Müllsack die Einzelteile meines Nachbarn befinden, den ich kaltblütigst niedergemetzelt habe, weil mir seine laute Musik auf die Nerven ging.

»Das ist ein verdorrter Ficus.«

»Der kommt zum Biomüll.«

Das hätte ich nicht gedacht! Wollte ihn eigentlich zum Altmetall tun.

»Aber den Müllsack nehmen Sie wieder mit.«

»Klar, mach ich.«

Nach dem Besuch des Recyclinghofs ist der Kofferraum meines Kombis bereits etwas leerer, dennoch könnte sich ein Außenstehender beim Anblick vermutlich nicht des Eindrucks erwehren, ich würde mit meinem halben Wohnungsstand umziehen. Nächste Station ist der Getränkehändler und dann geht's zur Reinigung.

Anschließend fahre ich beim Baumarkt vorbei, Glühbirnen, sechs Wäschekörbe gleicher Größe sowie mehrere kleine Plastikboxen kaufen. Danach führt mich mein Weg in die Gärtnerei, wo ich einen großen Blumenstrauß und ein paar Erikastöcke für die Balkonbepflanzung erstehe. Letzteres habe ich heute Morgen nämlich noch auf meiner Liste ergänzt: die erfrorenen (es war mittlerweile November) Oregano- und Tomatenstöcke durch adäquate Herbstgewächse zu ersetzen.

Wieder zu Hause, komme ich ganz schön ins Schwitzen, bis die vollen Getränkekisten im Keller und die neuen Blumenstöcke bei uns im vierten Stock sind. Die Blumen pflanze ich gleich ein und freue mich auf Carolines Gesicht. Dafür bekomme ich bestimmt Pluspunkte, die ich höchstwahrscheinlich auch dringend nötig haben werde, wenn sie sieht, wie ich unser Wohnzimmer ohne ihr Zutun fengshuimäßig in einen Zenpalast verwandelt habe.

Ich mustere meine Liste, auf der nun schon etliche Aufgaben gestrichen sind. Zur Erholung gönne ich mir eine körperlich nicht so anstrengende Arbeit: Ich öffne die oberste Küchenschublade, die seit jeher Sammelplatz für alles im Haushalt ist, von dem wir nicht wissen, wo wir es verstauen sollen. Dementsprechend wild sieht es darin aus, quasi das Abbild eines Kinderzimmers auf 40 mal 60 Zentimetern. Den Inhalt kippe ich auf den Esszimmertisch. Wow, hätte nie gedacht, was so alles in ein so kleines Schublädchen passt:

- 27 Kugelschreiber, davon 19 nicht mehr funktionsfähig
- Büroklammern in diversen Formen, Größen und Verformungsgraden
- Vier Haushaltsscheren unterschiedlichster Größe, darunter drei, die man problemlos einem Zweijährigen in die Hand drücken könnte, ohne auch nur irgendeine Verletzung zu riskieren
- Kleingeld im Wert von 12,34 Euro; weitere Münzen unbekannter Herkunftsländer sowie ein 50-Pfennig-Stück
- 15 Hemd-, Blusen- und Hosenknöpfe
- Mehr als zwei Dutzend Zahnstocher
- Neun Schlüssel vielfältigster Art, von denen ich keinerlei Ahnung habe, zu welchen Schlössern sie passen
- Mehrere Überraschungsei-Figürchen und Teile davon
- Treuetaler aus der Apotheke
- Unzählige Brillenputztücher
- Lade- und Verbindungskabel, die zusammengelegt von der Erde bis zum Neptun reichen würden
- Ein Stabfeuerzeug, drei Einwegfeuerzeuge, sieben Streichholzschachteln
- Mindestens 200 Gramm Schrauben, Nägel und weitere undefinierbare Eisenerzeugnisse
- Drei Streifen Kaugummi, die wohl seit der Jahrtausendwende hier ihr Dasein fristen
- Zwei USB-Sticks mit Werbeaufdruck
- Darüber hinaus weiterer Kleinkram, dessen Aufzählung hier den Rahmen sprengen würde

Zunächst schmeiße ich alles weg, was unzweifelhaft zerbrochen oder funktionsuntüchtig ist. Anschließend sortiere ich sämtliche Gegenstände – Kulis zu Kulis, Feuerzeuge zu Feuerzeugen usw. Das sieht doch schon mal viel übersichtlicher aus. Mit Scheuermilch und einem Spülschwamm entferne ich die hartnäckige Schmutzschicht am Boden und reibe die Schublade mit einem Spültuch trocken. Dann setze ich die im Baumarkt erstandenen Plastikboxen ein, was mich ein wenig ans Tetrisspielen erinnert. Im letzten Schritt finden die einzelnen Häufchen in den Boxen ihr neues Domizil.

Nun habe ich mir aber eine Pause verdient. Ich schiebe die Rouladen in die Mikrowelle und vertilge sie in Formel-1-Geschwindigkeit, während ich Spiegel Online lese. Das ist zwar nicht sonderlich stilvoll, doch ich muss ein bisschen auf die Uhr achten, schließlich habe ich noch einige Aufgaben abzuarbeiten.

Wo ich mich schon in der Küche befinde, muss als Nächstes die Speisekammer daran glauben. Ich gehe ähnlich vor wie bei der Küchenschublade. Ich räume sämtliche Dosen, Packungen, Flaschen, Kisten, Tuben und Beutel aus und säubere die Regalböden. Ah, was für ein herrlicher Anblick! Das Putzwasser hat inzwischen die Farbe und Konsistenz einer Schlamm-Geröll-Lawine angenommen und stinkt wie ein Käsebrot, das man vier Wochen lang in seiner Aktentasche vergessen hat.

Beim Ordnen und Einsortieren der Lebensmittel achte ich auf das Mindesthaltbarkeitsdatum. Ob Sauerkraut mit Ablaufdatum 07/2003 noch genießbar ist? Der Lindt-Schokohase muss hier wohl mehrere Jahre in Gefangenschaft gehalten worden sein. Die Sauce Hollandaise stammt bestimmt noch aus frühgeschichtlicher Zeit – zumindest sieht die Verpackung ganz danach aus, so verblichen ist sie. Fast ein Drittel aller Fressalien muss ich wegwerfen. Was für eine Schande. Ich werde nie mehr hungrig einkaufen gehen.

Die Uhr tickt. Ich will heute unbedingt fertig werden, denn meine Frau kommt morgen schon zum Frühstück wieder zurück. Das mit dem Schuhschrank stelle ich zurück – es könnte massiven Ärger auslösen, wenn ich hier Tabula rasa mache. Garantiert würde ich ihre Lieblingsschuhe beim Ausmisten erwischen. Das wäre sogar ziemlich sicher, denn *alle* ihre Schuhe sind Lieblingsschuhe. Das habe ich nie verstanden, bezeichnet »Lieblings-« gerade doch die Eigenschaft, etwas Besonderes zu sein. Als Mann muss man, so glaube ich, auch nicht alles kapieren, was im Kopf einer Frau vor sich geht.

Gut, dann bleibt eigentlich nur die Reorganisation des Schmutzwäsche-Sammelverfahrens. Als Professor für BWL und Kommunikation besinne ich mich auf eine japanische Managementtechnik: Kanban. Diese wende ich jetzt in unserem Haushalt an. Ich beschrifte die neuen Wäschekörbe mit Schildern: 40 Grad bunt, 40 Grad hell, 40 Grad dunkel, 60 Grad hell, 60 Grad dunkel und 95 Grad.

Zudem klebe ich die gleichen Schilder noch auf die beiden Regalböden, sodass man immer weiß, wo welcher Wäschekorb zu stehen hat. Das Verfahren habe ich übrigens beim Europäischen Patentamt angemeldet – eine Entscheidung ist für Ende 2027 zu erwarten.

Am Sonntag um 10 Uhr steht meine Frau in der Tür. Schon am frühen Morgen habe ich die gesamte Wohnung gesaugt und das Bad geputzt. Den Blumenstrauß habe ich auf den Wohnzimmertisch gestellt und die Erikastöcke kunstvoll auf dem Balkon arrangiert. Tja, so geht guter Ehemann, liebe Männer! Unter uns: Habe ich nur deshalb gemacht, damit Carolines Wutanfall wegen meiner Entrümpelungs- und Aufräumaktion nicht zu heftig ausfällt.

»Schatz, das gefällt mir richtig gut, wie hell und leer unser Wohnzimmer jetzt ist. Du bist der Beste!«

Wie man sich doch in Frauen so täuschen kann …

Das Däfler-Test-Ergebnis

Fun-Faktor:	★★★★☆	Den gibt es! Habe zwar auch viel geschwitzt und gestöhnt, aber mir hat das Ausmisten echt Spaß gemacht.
Kosten:	★★★★☆	Überschaubar. Für ein paar Plastikboxen und Wäschekörbe habe ich knapp 50 Euro gezahlt.
Durchführbarkeit:	★★★★★	Mir fallen keine Gründe ein, weshalb eine Entrümpelungsaktion irgendwo nicht möglich sein sollte.
Zeitbedarf:	★★☆☆☆	Wenn man wirklich gründlich vorgehen und die ganze Wohnung vom Ballast befreien will, braucht man schon ein paar Tage. Aber auch an einem Wochenende kann man ziemlich viel bewirken.
Eignung:	★★★★☆	Sogar Kinder können schon entrümpeln! Sie wollen nur nicht. Außer Messies gibt es niemanden, der nicht dazu in der Lage wäre.

Nachhaltigkeit:	★★☆☆☆	Das befreiende Entrümpelungsgefühl hielt leider nicht so lange an. Na ja, vermutlich wird es aber in ein paar Wochen schon wieder chaotisch aussehen – und ich kann erneut aufräumen.
Ergebnis	21 von 30 ★	

TEST 3

Fitnessstudio – schwitzen fürs Seelenheil

Seit meinem Erkundungsbesuch im Fitnessstudio sind nun schon einige Wochen vergangen. Inzwischen hatte ich mein ausführliches Beratungs- und Einweisungsgespräch, in dessen Verlauf mir geraten wurde, doch mal mit Kursen anzufangen. An die Geräte könnte ich immer noch gehen, wenn mir die Kurse keinen Spaß machen würden oder ich noch mehr für meinen Körper tun wollte. Das ist ganz in meinem Sinne, denn allein die Vorstellung, dass ich gefühlte Ewigkeiten die gleichen monotonen Bewegungen an irgendwelchen furchteinflößenden Kraftmaschinen ausführen soll, löst in mir die gleiche Vorfreude aus wie eine Wurzelbehandlung beim Zahnarzt.

Im Sportfachgeschäft habe ich mich mit dem nötigen Equipment eingedeckt. Hätte ich geahnt, dass man dafür den Gegenwert eines 65-Zoll-Curved-LED-Fernsehers hinblättern muss, hätte ich mir vielleicht doch eine kostengünstigere Entspannungstechnik ausgesucht. Jedenfalls stehe ich jetzt in dunkelblauen Lauftights und einem neogrünen, atmungsaktiven Synthetik-Oberteil im Kursraum. Bestimmt sehe ich aus, als ob ich schon jahrelang dreimal wöchentlich trainieren würde. Gut, das T-Shirt spannt ein wenig am Bauch – aber wenn ich selbigen einziehe, dann mache ich keine soooo schlechte Figur. Ein Handtuch habe ich mir locker über die Schultern geworfen und ein hippes isotonisches Getränk unter den Arm geklemmt. Doch trotz meines professionellen Erscheinungsbildes fühle ich mich deplatziert.

Die bereits anwesenden Teilnehmer vermitteln nämlich den Eindruck, dass dies hier keine Spaßveranstaltung wird: Bierernst schauen sie drein, machen bereits Dehnübungen und prüfen den korrekten Sitz ihrer Schweißarmbänder. Ich bin jedoch in der Annahme gekommen, hier so eine Art lockere Skigymnastik für Senioren zu machen.

Das etwa 25-köpfige Publikum besteht zu drei Vierteln aus durchtrainierten Damen jüngeren Alters. Ich erhöhe den Altersdurchschnitt erheblich. Zu meiner Erleichterung sieht man immerhin einigen wenigen Teilnehmern an, dass sie des Öfteren eine Tüte Paprikachips vor dem Fernseher reinstopfen und morgens ihr Brötchen mit Nutella oder Leberwurst beschmieren, statt sich eine Schüssel geraspelte Möhren mit Zitronensaft reinzuwürgen.

Ich wähnte mich relativ früh – der Kurs soll erst in einer Viertelstunde beginnen –, doch es ist nur noch ein Platz in der ersten Reihe frei. Na, wunderbar, da kann gleich jeder sehen, dass ich ein Bewegungslegastheniker und völlig ungeübt bin. Ich sehe mich schon, wie ich nach zehn Minuten zusammenbreche und vom Kursleiter reanimiert werden muss. Haben die überhaupt ein Sauerstoffzelt? Schnell gehe ich gedanklich verschiedene Fluchtoptionen durch:

1. Ich könnte einen Handyanruf vortäuschen, der mich zum unmittelbaren Gehen zwingt. Dabei müsste ich natürlich sehr laut sprechen, damit die anderen die Dringlichkeit mitbekommen: »Was? Unser Hamster hat gehustet? Da müssen wir ganz schnell zum Tierarzt. Schatz, ich bin schon auf dem Weg zu dir.«
2. Auf dem Weg zu den Langhanteln, die man von einem Ständer an der Seite holen muss, könnte ich simulieren, wie ich mit dem Knöchel umknicke. Dabei müsste ich entsetzliche Schmerzensschreie ausstoßen.
3. Außer den Langhanteln braucht man Gewichtsscheiben – ich könnte mir eine auf den Fuß fallen lassen. Die daraus resultierenden Schmerzen müsste ich nicht einmal vorspielen.
4. Ich könnte einem der Mädels einen beherzten Klapps auf den Po geben und dabei (laut vernehmbar) sagen: »Na, Süße, ganz schön knackig.« Daraufhin würde ich mir bestimmt eine Ohrfeige einfangen und bekäme stante pede Hausverbot.

Die Optionen 2 bis 4 überzeugen mich nicht so wirklich. Und dummerweise habe ich mein Handy im Spind der Umkleide gelassen. Mir scheint nichts anderes übrig zu bleiben, als mich auf meine Präsen-

tiertellerposition zu begeben und das Folgende mit Langmut über mich ergehen zu lassen. Bei meiner Nachbarin zur Rechten erkundige ich mich, welches Trainingsgerät ich benötige. Sie mustert mich eingehend und stellt nach ihrem Ganzkörperscan fest: »Also, so wie du aussiehst, würde ich mal mit dem Minimalgewicht anfangen. Bei Männern sind das fünf und bei Frauen zweieinhalb Kilogramm.« Super! Ich liebe eine solche entwaffnende Ehrlichkeit. Nein, das war Ironie! Ich hasse sie! Hätte sie das nicht etwas eleganter formulieren können? So nach dem Motto »Hey, so wie du gebaut bist, kannst du dir gleich mal die Zehn-Kilo-Scheiben holen. Aber um die Muskeln nicht zu überfordern, würde ich erst mal leichter einsteigen.« So hätte man das auch ausdrücken können, um meinen männlichen Stolz nicht zu verletzen.

Also begebe ich mich zu dem Ständer mit den unterschiedlich schweren Gewichtsscheiben und ziehe die Fünf-Kilo-Version mit beiden Händen raus. Ich sacke zusammen. Wow, fünf Kilo sind deutlich schwerer, als ich dachte. Das sind immerhin 50 Tafeln Schokolade! Während ich die Scheibe beidhändig zu meinem Platz schleppe, sehe ich, wie sich ein Mann von Anfang 20 mit der Schulterbreite eines Billy-Regals zwei Zehn-Kilo-Scheiben aus dem Ständer fischt und locker damit zu seinem Platz schlendert. Dieser Kurs frustriert mich schon, bevor er überhaupt begonnen hat.

Die restlichen Minuten bis zum Start des Kurses ziehen sich hin wie die Bauarbeiten am Berliner Großflughafen. Endlich geht es los. Uwe, dessen Bi- und Trizeps den Umfang meiner Oberschenkel haben, muss unmittelbar zuvor einen hyperaktiven Gute-Laune-Bären vertilgt haben. Er begrüßt uns mit einem frenetischen »Willkommen zu HotIron2! Auf geht's, ihr Vorwärtseinparker, jetzt wird geschwitzt!«. Oh, mein Gott. Wo bin ich da hineingeraten? Hat Uwe zu oft *Ausbilder Schmidt* gesehen? Bestimmt brüllt er uns gleich »Morgen, ihr Luschen!« entgegen.

Zunächst müssen wir auf Betriebstemperatur kommen. Die Aufwärmübungen werden mit dumpfen Bassbeats untermalt. Bummbumm. Bummbumm. Ist das Angstschweiß oder transpiriere ich schon infolge der körperlichen Aktivität? Es dauert jedenfalls keine fünf Minuten und mein T-Shirt trägt sehr deutliche Gebrauchsspuren. Wenn die 60 Minuten rum sind, werde ich einen Schweißsee produziert haben, gegen den sich der Chiemsee wie eine mickrige Pfütze ausnimmt.

Was dann folgt, weiß ich nur noch bruchstückhaft. Ich bin zu sehr mit Überleben beschäftigt, um mich später an Einzelheiten zu erinnern. Das Einzige, was mir im Gedächtnis geblieben ist: Ein Einhorn in Regenbogenfarben betrat unvermittelt den Kursraum und schritt zielstrebig auf mich zu. Es berührte mich mit seinem Schweif und prustete Sternenstaub über mich – dies verlieh mir ungeahnte Kräfte und ließ mich die Tortur überstehen. Ich mag mich aber auch täuschen und es könnte ein wenig anders gewesen sein.

Dass ich mich nicht so genau an den Verlauf des Kurses erinnere, hat zweifelsfrei etwas mit evolutionsbedingten Verhaltensschemata zu tun. Ich glaube, in der Psychologie nennt man so etwas Verdrängungsstrategie – ein Abwehrmechanismus der Seele, der hilft, Extremsituationen ohne traumatisierende Langzeitfolgen zu überstehen. Da bin ich mir aber noch nicht sicher.

Dauerhafter als meine Erinnerung ist jedenfalls der Muskelkater, der sich am nächsten Tag bemerkbar macht. Wobei »Muskelkater« eigentlich das falsche Wort ist, aber unsere Sprache bietet leider keine Steigerungsform an. Sagen wir es so: Lähmungserscheinungen, gepaart mit dem Gefühl, über Nacht um 30 Jahre gealtert zu sein, plagen mich volle drei Tage lang. Während ich sonst bei meinen Vorlesungen immer stehe, muss ich mich in dieser Zeit ans Pult setzen. Während ich sonst in der Tiefgarage stets die Treppe nutze, besteige ich den Aufzug. Während ich sonst zu Fuß zum Gemüsehändler gehe, nehme ich nun das Auto.

Allmählich lässt der Muskelkater dann doch nach und meine Kräfte kehren zurück. Ich kann wieder ohne Hilfe aufstehen und schaffe es schon, 20 Meter am Stück zu gehen, ohne eine Pause machen zu müssen. Sogar meine Kaffeetasse kann ich wieder selbstständig und ohne Strohhalm zum Mund führen. Ich bin zweifelsfrei auf dem Weg der Genesung. Zu meiner großen Verwunderung passiert noch etwas, und zwar in meinem Kopf: So anstrengend HotIron2 war und sosehr mir mein Körper »Tu das nie, nie wieder!« zuflüstert, so unglaublich zufrieden bin ich mit mir. Nicht nur, dass es sich um eine angenehme Art von Schmerz handelt (nein, ich bin kein Masochist!), ich habe auch den Eindruck, ausgeglichener zu sein. Handelt es sich vielleicht um einen Einmaleffekt? Würde ich mich nach ein paar Wochen – vorausgesetzt, ich würde es einigermaßen regelmäßig schaffen, den Kurs zu besuchen – genauso fühlen wie vor diesem Test? Es gilt, Antworten auf diese Fragen zu finden.

Sosehr mir mein Körper »Tu das nie, nie wieder!« zuflüstert, so unglaublich zufrieden bin ich mit mir.

Und so kommt es, dass ich tatsächlich zu einem Stammgast bei Uwe werde. Meine Kondition verbessert sich spürbar, und in kleinen Schritten kann ich die Gewichtseinheiten erhöhen. Nach drei Monaten gelingt es mir sogar relativ problemlos, in jeder Hand eine Fünf-Kilo-Scheibe zu tragen. Weitere positive Folge meines disziplinierten Trainings: Meine Oberarm- und Schultermuskulatur nimmt so zu, dass meine Hemden nun spannen. Im Schwimmbad würde ich also keine mitleidigen Blicke mehr ernten. Was allerdings noch viel wichtiger ist: Meine seelische Zufriedenheit bleibt anhaltend hoch. Sich unter Uwes Regiment knechten zu lassen, hat tatsächlich eine bleibende Wirkung – es ist kein Einmaleffekt. Rein wissenschaftlich gesehen, ist dies zwar kein Beweis für die Formel »Mehr Sport = höhere Zufriedenheit«, denn dafür hätte ich andere Faktoren ausschließen müssen. Vielleicht war in dieser Zeit einfach nicht so viel los, oder es gab nicht so viele Anlässe, über die ich mich hätte aufregen können? Aber sei's drum – entscheidend ist: Sport hat bei mir was bewirkt!

Angespornt von den sichtbaren Erfolgen meiner Fitnessstudiobesuche werde ich übermütig: Ich will herausfinden, ob die Teilnahme an einem weiteren Kurs meine Befindlichkeit zusätzlich steigern kann. Die zur Auswahl stehenden Angebote reduzieren sich bei näherer Betrachtung auf »Body Fit«. Alle anderen Kurse setzen nämlich eine gewisse rhythmische Grundbegabung voraus, die ich nicht besitze, oder sie richten sich vornehmlich an Frauen, wie etwa Bauch-Beine-Po oder Rückbildungsgymnastik.

So stehe ich also an einem Mittwochmorgen mit etwa 20 weiteren Teilnehmern im Kursraum und werde von Verena, der Kursleiterin, sofort als Neuling identifiziert: »Schön, ein neues Gesicht zu sehen. Du weißt ja, dass es uns hier vor allem um Ausdauer geht.« Dabei sieht sie mich mit erwartungsfrohem Grinsen an. Wie soll ich das denn interpretieren? Will sie mir damit subtil zu verstehen geben, dass sie meine Kondition als zu niedrig einschätzt? Na, der werde ich es zeigen!

Ganz anders als beim Langhantel-Kurs steht hier tatsächlich nicht der Muskelaufbau im Vordergrund, sondern die Stärkung des Herz-Kreislauf-Systems. Mit allerhand Trainingsgeräten, deren Namen ich noch nie zuvor gehört habe, ertüchtigen wir uns. Dafür ist zwar kein Rhythmusgefühl erforderlich, aber ein gewisses Maß an Körperbeherrschung und Kopf-Hand-Koordination sind der Sache durchaus dienlich. Blöd nur, dass ich mit diesen Gaben nicht so reichlich gesegnet bin. Jedenfalls entgleitet mir die etwa ein Meter lange »Flexi-Bar« (eine bleistiftdicke Metallstange mit kleinen Gewichten an den Enden), als ich diese kopfüber mit meinem ausgestreckten rechten Arm heftigst hin und her schüttle. Noch blöder, dass die Stange meinen Hintermann direkt in den Bauch trifft: »Du Trottel, kannst du nicht aufpassen!«

Uiii, da ist jemand aber schlecht drauf. Ich drehe mich um und nehme zum ersten Mal wahr, wer da hinter mir steht. Dem äußeren Anschein nach muss es sich um den Chef der örtlichen Hells Angels handeln. Zottelbart bis zur Brust, an allen zehn Fingern dicke Silberringe (wie kann er damit überhaupt die Flexi-Bar halten?), beide Arme mit Tätowierungen bedeckt (der Begriff »verziert« würde sich in diesem Fall eher weniger anbieten) und ein Dutzend Piercings in jedem Ohr. Ich überlege kurz, ob ich mit »Ey, du Arsch, das hab ich ja nicht mit Absicht gemacht« antworten soll, ziehe dann aber ein schlichtes »Sorry« vor und nehme die Stange wieder auf.

Ohne weitere Zwischenfälle geht der Kurs vorüber, und ich bin richtig stolz auf mich, dass ich keinen Kreislaufzusammenbruch bekommen habe. Sogar Verena nickt mir anerkennend zu und meint beim Hinausgehen: »Du hast ja super durchgehalten. Und wegen Kevin musst du dir keine Sorgen machen. Der ist eigentlich ein ganz Lieber. Er drückt sich halt nur manchmal ein bisschen direkt aus.«

Nachdem also von Kevin keine Gefahr ausgeht, sich meine Kondition als gar nicht so schlecht erwiesen und mir der Kurs auch Spaß gemacht hat, beschließe ich, künftig – wann immer es die Zeit erlaubt – auch »Body Fit« zu besuchen. Damit fällt mein Gesamturteil für diese Entspannungstechnik rundherum positiv aus.

Das Däfler-Test-Ergebnis

Fun-Faktor:	★★★★☆	Anfänglich musste ich mich überwinden, aber mit jedem Mal hatte ich mehr Spaß am Schwitzen. Inzwischen kenne ich auch die meisten anderen Kursteilnehmer – eine vertraute Atmosphäre also, die ebenfalls zum Wohlfühlen beiträgt.
Kosten:	★★★☆☆	Je nach Fitnessstudio werden unterschiedliche Monatsbeiträge fällig. Mal von den Discountern abgesehen, muss man schon mit etwa 50 Euro/Monat rechnen. Das ist viel, aber umgelegt auf durchschnittlich acht Besuche pro Monat ist das aus meiner Sicht ein fairer Preis.
Durchführbarkeit:	★★★★☆	Wenn man nicht auf einer entlegenen Alm wohnt, dann dürfte sich überall in Deutschland in jeder kleineren Stadt mindestens ein Studio finden lassen.

Zeitbedarf:	★ ★ ☆ ☆ ☆	Nicht unerheblich. Jeder Trainer rät, regelmäßig zu kommen, mindestens zweimal pro Woche. Nimmt man die Anfahrt, das Umziehen und Duschen dazu, dann sind das jeweils zwei Stunden, also schon recht viel Zeit.
Eignung:	★ ★ ★ ☆ ☆	Ich habe im Studio Männer und Frauen gesehen, die schon über 70 waren. Das ist allerdings die Ausnahme, ansonsten für fast jedes Alter geeignet. Eine gewisse körperliche Grundfitness sollte man aber besitzen.
Nachhaltigkeit:	★ ★ ★ ★ ★	Volle Punktzahl. Bereits nach sehr kurzer Zeit habe ich mich in körperlicher Hinsicht und psychisch deutlich besser gefüllt. Und der Effekt hält ungebrochen an.
Ergebnis	21 von 30 ★	

TEST 4

Reiterhof – sattelfest durchs Leben

Ein zufriedener Gesichtsausdruck, unaufgeregte Bewegungen und sanftes Kopfnicken – daran erkennt man: nein, nicht tiefenentspannte Menschen, sondern ein losgelassenes Pferd. Denn wer denkt, Gelassenheit sei nur ein Thema für uns Zweibeiner, der sollte sich mal unter Reitern umhören. Genau das habe ich getan, nämlich bei meiner langjährigen Schulfreundin Alex. Die saß schon als Vorschülerin im Sattel und verbringt auch heute noch jede freie Minute im Stall. Als ich ihr von meinem Vorhaben, dem Gelassenheitsprojekt, berichtete, konnte ich sie kaum bremsen. Bereits am nächsten Freitag sollte ich zu »ihrem« Stall, dem Lindenhof, kommen; sie würde eine Schnupperstunde für mich arrangieren.

Was Reiten genau mit Entspannung zu tun hat, entnehme ich einem Artikel aus dem Internet, der den Titel »Burn-out und Stress – mit Reiten zur Tiefenentspannung« trägt. Demnach setzt das Reiten gleich an mehreren Punkten an, die für die seelische und körperliche Gesundheit eine wichtige Rolle spielen. Reiter würden das beglückende Gefühl erleben, getragen zu werden. Ob es für das Pferd wohl auch beglückend ist, einen adipösen Manager durch die Prärie zu wuchten?

Egal, weiter mit den Vorteilen: Dadurch, dass man getragen wird, könne man ein Stück Verantwortung abgeben und zugleich lernen, seinen vierbeinigen Untersatz mit »sanfter Strenge und Konsequenz« zu führen. Auch nicht zu verachten: Man ist an der frischen Luft sportlich aktiv. Da ein Pferd hundertprozentige Aufmerksamkeit benötigt, gebe es zudem keinerlei Raum für berufliche oder private Probleme, was die Seele deutlich entlasten würde. Schließlich: Durch die gleichmäßigen Bewegungen des Pferdes würden sich Rü-

ckenverspannungen lösen, der gesamte Körper würde besser durchblutet und mit Sauerstoff versorgt, wodurch wiederum die Schlaftiefe und die Leistungsfähigkeit am Folgetag enorm steigen würden. Kurzum: Reiten führt zu Tiefenentspannung. Da habe ich mir also offensichtlich eine hervorragende Methode ausgesucht.

Ausgerüstet mit Fahrradhelm und -handschuhen sowie bekleidet mit einer alten Jeans bin ich zur verabredeten Zeit auf dem Lindenhof. Knapp 1,2 Millionen Deutsche reiten häufig und weitere 2,5 Millionen gelegentlich. Das sind zusammen 3,7 Millionen Menschen. Die Hälfte davon scheint heute hier zu sein, so voll ist es. Der Frankfurter Hauptbahnhof ist dagegen ein Ort der Ruhe und Kontemplation. Kinder jedweder Größe und ihre Mütter, mehrere John Waynes, einige aufgebrezelte Frauen mittleren Alters, eine Gruppe gackernder weiblicher Pubertiere und zahlreiche weitere Reiter bevölkern die Anlage. Im Gewusel entdecke ich Alex, die gerade dabei ist, ein stattliches Exemplar von Pferd zu putzen.

»Das ist Rolex. Auf ihm wirst du reiten.«

»Rolex? Wie die Uhrenmarke?«

»Ja, genau.«

Komisch, welche Namen sich Pferdebesitzer für ihre Lieblinge überlegen. Vielleicht hätte ich meine Kinder nicht Klara und Niklas, sondern Cartier und Swatch nennen sollen?

»Rolex ist ein ganz Braver. Ich hab ihn schon mal von der Koppel geholt und angefangen, ihn zu putzen. Jetzt musst du aber weitermachen, damit du eine Verbindung zu ihm aufbauen kannst.«

Eine Verbindung zum Pferd aufbauen, bevor ich reiten kann? Soll ich demnächst die Felgen meines Audis polieren, wenn ich vorhabe, ihn zu fahren? Nun, ich greife nach der Bürste und mache, was mir gesagt wird. Dann bekomme ich erklärt, dass ich nicht gegen den Strich bürsten soll und dass ich durchaus etwas Kraft aufwenden darf. Pferde seien zwar äußerst sensibel, würden aber eine solche Bürstenmassage lieben.

Von Entspannung ist bei mir noch gar nichts zu spüren. Eher ist es andersherum. Denn so dicht an dicht mit einem 600 Kilogramm schweren Vertreter der Gattung Equus zu stehen, beunruhigt mich zugegebenermaßen schon ein wenig. Was ist, wenn Rolex meine Bürstentechnik nicht als wohltuende Streicheleinheit, sondern als nerviges Rumgeschrubbe auffasst? Aber der Junge scheint es doch zu genießen, denn weder beißt er mich noch haut er mir einen seiner Hufe gegen meine Knöchel.

Nachdem Alex mein Ross gesattelt und die Trense (sozusagen das »Lenkrad«) übergezogen hat, gehen wir zusammen zu einem Wellblech-Rundbau, der in der Fachsprache »Longierhalle« heißt. Dort erwartet uns bereits Lara, die etwa 25 Jahre alte Tochter der Stallbesitzer.

»Hallo, Martin, Alex hat mir gesagt, dass du so ein Projekt machst und gern mal reiten möchtest.«

»Exakt. Weißt du, ich will testen, mit welcher Methode man am besten entspannen kann, und da ist Reiten sicherlich ein guter Ansatz.«

Laras Gesichtsausdruck nach zu urteilen hält sie mich für mittelmäßig verwirrt. Als ein Mensch, der vom Augenblick seiner Geburt an von Pferden umgeben war und täglich reitet, mag für sie die Vorstellung, dass man zur Entspannung reitet, ziemlich abstrus klingen. Jedenfalls fragt sie nicht weiter nach und führt mich zur Aufstiegshilfe, von dort aus wuchte ich mich in den Sattel. Lara hilft mir, die Füße in die Steigbügel zu stellen, und erklärt, wie ich die Zügel zu halten habe. Rolex bekommt eine Leine verpasst – die man »Longe«

nennt, wie Alex von der Seite hineinruft – und dann kann's auch schon losgehen.

Während ich bemüht bin, die Balance zu halten und nicht allzu dämlich auszusehen, beginnt Lara damit, mich in die Welt des Reitens einzuführen. Sie spricht von Zügel-, Gewichts- und Schenkelhilfen. Sie geht auf das Wesen der Pferde ein und macht deutlich: »Das Pferd ist dein Spiegel. Wenn du zum Beispiel schlecht drauf bist, dann solltest du besser nicht reiten, weil das Pferd dann deine Stimmung spürt und es deine Verkrampfung annimmt.«

Alex hat die Aufstiegshilfe inzwischen zur Seite gestellt und darauf Platz genommen. Von dort kommentiert sie: »Völlig richtig. Du musst wissen: Nur wer selbst gelassen ist, kann sein Pferd zur Gelassenheit erziehen.«

Hm, eigentlich hatte ich mir ja das genaue Gegenteil erhofft: dass mich das Pferd gelassen macht, nicht dass ich für die Entspannung des Gauls sorgen soll. Und gerade jetzt ist Entspannung für mich so weit entfernt wie die politischen Positionen von Frauke Petry und Gregor Gysi. Ich soll »eine Wendung« reiten. Das Manöver misslingt. Aus den Augenwinkeln sehe ich Alex frech grinsen. Nachdem Lara ungefähr siebzehnmal wiederholt, was ich tun soll, gelingt es tatsächlich. Mit diesem Erfolgserlebnis werde ich aus meiner ersten Reitstunde entlassen. Doch damit ist es noch nicht vorbei, denn nun müssen wir Rolex absatteln, die Hufe auskratzen und ihm eine Decke auflegen, damit er sich nicht erkältet. Das dauert ungefähr eine halbe Stunde. Vielleicht sollten wir ihm noch einen Kamillentee kochen?

Im Kopf addiere ich: Eine Viertelstunde habe ich daheim zum Umziehen gebraucht, 25 Minuten für den Weg zum Stall; das Vorbereiten hat eine halbe Stunde in Anspruch genommen. Auf Rolex habe ich eine Stunde gesessen und für das Putzen brauche ich noch mal 30 Minuten. Plus 25 Minuten für den Rückweg. Und dann noch mal ungefähr eine halbe Stunde fürs Duschen und Umziehen. Das macht zusammen: 185 Minuten, also gute drei Stunden. Das ist eine Menge Zeit, die mir natürlich anderswo fehlt. Einfach mal so schnell reiten gehen, das dürfte nicht funktionieren, das muss gut geplant sein.

»Und, wie hat's dir gefallen?«, reißt mich Alex aus meinen Gedanken.

»Ganz ehrlich: Am Anfang hatte ich ganz schön Angst. Von unten sieht das so leicht aus, aber wenn man mal oben ist, puh, das ist schon ganz ordentlich hoch. Und dann schaukelt es auch noch die ganze Zeit.«

Alex prustet: »Du alter Schisser! Hast du denn erwartet, dass du im Sattel sitzt wie daheim auf deinem Sofa? Dabei seid ihr ja noch gar nicht getrabt oder galoppiert. Das wird richtig nett.«

Anstatt sich über mich lustig zu machen, hätte sie mich ja auch ein wenig loben können, denn ich finde, dass ich mich gar nicht so blöd angestellt habe. Gut, das mit der Wendung hat nicht auf Anhieb geklappt, aber immerhin bin ich nicht runtergefallen. Für mich ist das schon mal eine bemerkenswerte Leistung.

»Jedenfalls habe ich mich nach den ersten Minuten dann doch recht schnell an meine neue Position in luftiger Höhe gewöhnt. Und irgendwie ist es faszinierend, wie ich so ein riesiges Tier mit so wenig Aufwand dazu bringen kann, das zu tun, was ich will.«

»Genau darauf kommt's beim Reiten an! Mit minimalen Eingriffen dem Pferd zu sagen, was es machen soll. Daran arbeiten Reiter ein Leben lang.«

Stressen Trainingsziele nicht noch mehr?

Als Alex das sagte, musste ich an eine Statistik denken, die ich zuvor gelesen hatte. Eine Umfrage der Deutschen Reiterlichen Vereinigung (FN) hat ergeben, dass sich rund 90 Prozent der Pferdesportler Trainingsziele setzen. Von lockerem Einfach-mal-aufs-Pferd-Hüpfen, um sich zu entspannen, kann also keineswegs die Rede sein. Fast alle Reiter machen in ihrer Freizeit exakt das Gleiche wie im Büro: Ziele festlegen und dann versuchen, diese mehr oder weniger verbissen zu erreichen. Das ist doch idiotisch! Wie kann ich mich denn entspannen, wenn ich krampfhaft etwas Bestimmtes anstrebe? Andererseits kann so ein Trainingsziel natürlich auch motivierend wirken und im Erfolgsfall Glücksgefühle auslösen. Ich stelle mein diesbezügliches Urteil zurück und will von Alex wissen, ob ihr das Reiten Entspannung verschafft.

»Klar, und wie es das tut. Weißt du, wenn ich von der Arbeit komme und hier auf den Hof fahre, dann bin ich unmittelbar in einer komplett anderen Welt. Sobald ich die Stallgasse betrete und diesen unverwechselbaren, würzigen Duft in der Nase habe, dann sind all meine Alltagssorgen ganz weit weg.«

»Und wenn's mal so ein richtig ekliger Tag ist, so wie gestern: nur ein paar Grad über null, ein fieser Nordwind und Dauerregen. Macht's dir dann auch Spaß?«, frage ich etwas provokativ.

»Na ja, dann ist's tatsächlich nur beschränkt vergnügungssteuerpflichtig. Oder auch, wenn ich weiß, dass ich danach noch zum Elternabend muss oder was anderes vorhabe, dann kann ich das Reiten auch nicht so sehr genießen, dann muss ich mich echt beeilen, dass ich es rechtzeitig schaffe. Das stresst mich schon ganz schön.«

Da ich nach einer einmaligen Reitstunde kein seriöses Urteil über diese Methode abgeben kann, beschließe ich, mir eine Zehnerkarte für Einzelstunden zu kaufen, und vereinbare gleich Termine für die kommenden Wochen. Im Fachhandel erstehe ich eine Reithose mit Halblederbesatz und ein Paar Reitstiefel. Nachdem ich wirklich ernsthaft reiten lernen möchte, kaufe ich auch noch das Buch *Richtig Reiten: Sattelfest von Anfang an* und arbeite dieses so sorgfältig durch wie die wissenschaftlichen Fachbücher, die ich sonst lese. Ich unterstreiche, markiere und exzerpiere. Ich male mir sogar ein Infoposter mit den wichtigsten »Regeln« und hänge dieses am Kühlschrank auf.

Lara ist ein geduldiger Mensch und Rolex ein gutmütiges Pferd. So mache ich von Reitstunde zu Reitstunde Fortschritte. Immer häufiger gelingt es mir, tatsächlich nach rechts zu reiten, wenn ich nach rechts reiten möchte. Im Trab fühle ich mich auch schon leidlich sicher, und in der vorletzten Stunde schaffe ich es sogar, eine Runde im Galopp zu gehen, ohne vom Pferd zu fallen, was allerdings beinahe doch passiert wäre, weil ich vor lauter Euphorie die Gesetze der Fliehkraft nicht bedachte und in einer Linkskurve nur gerade so noch das Gleichgewicht halten konnte.

Am Ende der zehnten Reitstunde will Lara von mir wissen, ob ich dabeibleiben möchte.

»Mir hat's von Mal zu Mal mehr Spaß gemacht, Lara. In dem Maße, indem mir mehr geglückt ist, hab ich mir mehr zugetraut, und ich hatte dann schöne Erfolgserlebnisse«, beginne ich mein Fazit. Weiter erzähle ich von meinen Fortschritten beim selbstständigen Putzen, Satteln und Trensen. Das ist nämlich eine Kunst für sich. Wo welcher Riemen hingehört und welche Schnalle in welches Loch muss, ist komplizierter als das Seelenleben einer Frau oder die heisenbergsche Unschärferelation.

»Dann willst du jetzt doch bestimmt weitermachen?«, erkundigt sich Lara.

Ja! Seither habe ich noch viele weitere Einzelstunden gehabt, war öfter mal bei Gruppenstunden zu Gast und habe sogar schon an ein paar Ausritten teilgenommen. Reiten ist zu meinem Hobby geworden. Weil ich gern mit Tieren zu tun habe, weil ich es liebe, in der Natur zu sein, und auch weil es mich entspannt – allerdings nicht in dem Maße wie meine Freundin Alex. Ich glaube, um Reiten als *die* Methode für mehr Gelassenheit zu empfinden, braucht man eine grenzenlose Hingabe zu diesem Sport, welche die zweifelsohne damit verbundenen Opfer aufwiegt. Sonst würde man sich nicht bei Minusgraden hinstellen und sich die Finger bei der Fellpflege abfrieren. Man würde sich nicht auf die Stiefel kacken lassen (Pferde haben eine schier unglaubliche Verdauung und einen gewaltigen Druck im Darm), und man würde auch nicht so lange »Transaktionszeiten« in Kauf nehmen, um seiner Leidenschaft nachzugehen. Damit zu meinem Urteil:

Das Däfler-Test-Ergebnis

Fun-Faktor:	★★★☆☆	Die Zeit im Sattel, insbesondere bei Ausritten, ist grandios. Man ist ganz bei sich und kann völlig abschalten. Weniger angenehm ist der Sport bei ungünstigem Wetter (zumindest für Weicheier wie mich).
Kosten:	★☆☆☆☆	Das ist keine Methode für Leute, die auf ihren Geldbeutel achten müssen. Selbst wenn man kein eigenes Pferd hat, sondern ein Schulpferd nutzen kann, ist Reiten eine teure Leidenschaft.

Durchführbarkeit:	★ ★ ★ ☆ ☆	Theoretisch ganzjährig und fast zu jeder Uhrzeit (zumindest wenn eine beleuchtete Halle existiert). Allerdings muss der Reitlehrer Zeit haben oder die Gruppenstunde zu einer passenden Zeit stattfinden. Außerdem: Je nach Lage hat man einen längeren Anfahrtsweg zum Stall.
Zeitbedarf:	★ ☆ ☆ ☆ ☆	Sehr hoch! Unter drei Stunden geht gar nichts. Mal eben so ist nicht drin.
Eignung:	★ ★ ★ ★ ☆	Eigentlich für jedermann geeignet. Selbst für Schwergewichte gibt es in den meisten Ställen entsprechend stabile Vierbeiner. Das Alter spielt auch keine Rolle. Lara berichtete von einem 74-jährigen Herrn, der bei ihr das Reiten gelernt hat.
Nachhaltigkeit:	★ ★ ★ ☆ ☆	Nachhaltig war in den ersten Wochen vor allem der Muskelkater, den ich bekam. Während der Reitstunden selbst und am gleichen Abend: sehr gechillt, aber am nächsten Morgen war der größte Teil der Entspannung schon wieder verflogen.
Ergebnis	15 von 30 ★	

TEST 5

Klangreise – und es hat »om« gemacht

Im VHS-Kursprogramm zur Klangreise hieß es, dass das Zusammenspiel von Wort, Klang, Stimme und Stille uns im Innersten berühren und etwas in uns zum Schwingen bringen würde. Entspannung wurde auch ausdrücklich versprochen. Die sonst permanent kreisenden Gedanken würden zum Stillstand kommen und der Mensch könne seine Einheit wiederfinden.

Mitzubringen sind bequeme Kleidung, dicke Socken, zwei Decken sowie ein kleines Kissen. Es scheint sich um ein Schlafseminar zu handeln. Vielleicht sollte ich auch eine Schlummerrolle sowie »Moppsel«, mein Kuscheltier, mitnehmen?

Um 19:15 Uhr betreten meine Frau und ich die Volkshochschule, gekleidet in Jogginghosen und bepackt mit einer randvoll gefüllten blauen IKEA-Tasche, in der sich das erforderliche Equipment befindet. Mein einziger Gedanke unterwegs war, dass uns hoffentlich niemand aus unserem Bekanntenkreis begegnen möge. Wer uns kennt, hätte aus unserem Äußeren sicher geschlussfolgert, dass wir beide unsere Jobs verloren hätten und uns nun vagabundierend sowie Flaschen sammelnd über Wasser halten würden. Glücklicherweise kommen wir inkognito an unserem Zielort an.

In der VHS riecht es nach Knoblauch. Der Geruch wabert aus der Küche im Erdgeschoss herüber. Dort findet gerade der Kochkurs »Ostern – frühlingsfrisch und lecker« statt, wie ich der Übersichtstafel am Eingang entnehme. Vermutlich bereitet man gerade Osterlamm auf griechische Art zu. Weitere Kurse heute Abend: »Deutsch als Fremdsprache«, »MS Word 2010 kompakt«, »Videoschnitt für Einsteiger – mit Spaß eigene Filme machen« und »Umgang mit schwierigen Zeitgenossen«. Hmm, letzteres Angebot hätte mich durchaus auch interessiert, aber nun heißt es erst mal die Klangreise antreten.

Kursraum 205, zweites Obergeschoss. Meine Frau und ich betreten den etwa 30 Quadratmeter großen Raum. Als Erstes springt mir ins Auge: eine Blumenvase in der Raummitte, mit etwa 25 Tulpen unterschiedlichster Farben. Darum drapiert etwa zehn Seidentücher in den Regenbogenfarben. Mir schwant Schlimmes. Erst jetzt entdecke ich die Kursleiterin, Frau Höckel-Uvermann. Sie kniet auf einer großen Matte, umgeben von allerlei Schalen unterschiedlichster Größe, diversen Gegenständen, von denen ich vermute, dass sie der Klangerzeugung dienen, und dem obligatorischen Windlicht mit brennender Kerze. Etwa 30 knapp postkartengroße Karten liegen aufgefächert vor ihr. Daneben stehen zwei Glassprühflaschen, die mich ein wenig an Essig- und Ölzerstäuber erinnern. Vielleicht haben wir uns ja im Raum geirrt und hier findet der Osterkochkurs statt? Das würde auch die verschiedenen Schalen erklären.

Ist Gelassenheit eher ein Frauenthema?

»Hallo, Martin«, begrüßt mich Frau Höckel-Uvermann, die in ein weites Batikkleid gehüllt ist. Da wird das Klischee ja voll bedient. »Schön, dass ihr da seid.« Woher kennt sie meinen Namen? Selbigen habe ich ja nicht auf meine Stirn tätowiert. Meinen leicht verdutzten Gesichtsausdruck interpretiert sie völlig richtig. »Du bist der einzige Mann heute, deshalb weiß ich deinen Namen.« Sie hat also doch keine hellseherischen Fähigkeiten, sondern sich vorher einfach nur die Teilnehmerliste angeschaut. Okay, dann bin ich mal wieder der Quotenmann. Gelassenheit scheint – dies zeigen meine bisherigen Selbstversuche – ein überwiegend weibliches Thema zu sein. Habe ich ein Problem mit meiner sexuellen Identität? Will mir das was zeigen? Bin ich eine Frau in einem Männerkörper? Fragen, mit denen ich mich später auseinandersetzen muss.

Außer uns sind bereits drei Teilnehmerinnen anwesend. Sie haben es sich schon gemütlich eingerichtet. Unsere Kursleiterin erklärt uns, in welchem der beiden Schränke des ansonsten total leeren Raumes wir die Matten und Kissen finden. Die blaue Matte sei zum Unterlegen (da rutschfest), die orange Schaumstoffmatte komme darauf. Und auf diese sollen wir eine der beiden mitgebrachten Decken legen. Spielen wir hier eventuell *Die Prinzessin auf der Erbse* nach? Damit ist die Liegestatt aber noch nicht fertig eingerichtet. Das mitgebrachte Kissen kommt ans Kopfende und das mit Kirschkernen gefüllte Meditationskissen der VHS ist zum Unterlegen unter die Knie gedacht.

Die ganze Szene erinnert mich an meine Jugendzeit, als wir uns nach Partys noch nicht mit dem Taxi nach Hause fahren ließen, sondern alle gemeinsam im Wohnzimmer übernachteten und uns dort aus Decken, Schlafsäcken und Kissen ein Nachtlager richteten. Wobei wir damals meistens zu besoffen waren, um zwischen den eigenen und den fremden Schlafutensilien unterscheiden zu können. Ich nehme an, dass es heute Abend nicht ähnlich orgiastisch zugehen wird.

Meine Frau zieht sich dicke Wollsocken und ihre Kuscheljacke an. Die anderen Damen sind ähnlich gekleidet. Habe ich die Kursbeschreibung wirklich richtig gelesen? Bin ich womöglich im Kurs »Jeder Mensch kann schlafen lernen«? Oder wollen wir hier ein Sleep-in für den Weltfrieden machen? Wir bleiben so lange liegen, bis sämtliche Kriege auf dem Planeten beendet und alle Menschen zu Veganern geworden sind? Nein! Ich hab's – das ist ein perfides Experiment eines US-amerikanischen Pharmaherstellers, der sein neues Schlafmittel an uns testen will, und die »Klangreise« ist nur ein vorgeschobener Anlass. Bevor ich meine Verschwörungstheorie detailliert ausarbeiten kann, erhebt Frau Höckel-Uvermann ihre Stimme.

»So, nun sind wir komplett. Ich begrüße euch zur ›Klangreise Frühlingserwachen‹. Ihr habt ja alle Meditationserfahrung.« Sie schaut in die Runde. Alle nicken heftigst. Nur meine Frau und ich nicht. Die Kursleiterin sieht sich deshalb gezwungen, uns die Verhaltensregeln zu erklären:

- Auf den Rücken legen, sodass die Füße leicht nach außen fallen (dabei sollen sich die Fersen gerade noch berühren).
- Die Arme liegen seitlich vom Körper, die Finger sind leicht gespreizt und die Handinnenflächen zeigen nach oben.
- Sprechen verboten.
- Trinken verboten.

- Sich bewegen verboten.
- Husten verboten. Wer tatsächlich doch husten muss, soll leise (!) vor die Tür gehen (schweben wäre ihr vermutlich noch lieber).
- Einschlafen wäre okay, nicht aber schnarchen. Dann würde sie kommen und uns wecken.

Ich bin froh, dass es erlaubt ist zu atmen.

Nachdem die Dos und Don'ts geklärt sind, stellt sich Frau Höckel-Uvermann vor. Im Hauptberuf ist sie Kinderpflegerin und zudem ausgebildete Heilpraktikerin. Wie man Klangreisen durchführt, habe sie auf einem Wochenendseminar erlernt. Das nenne ich mal eine profunde Ausbildung. Sich einen Samstag und Sonntag ein paar Stunden von einem räucherstäbchen- oder cannabisumnebelten Guru zweifelhafter Herkunft zulabern lassen und sich dann qualifizierte Kursleiterin nennen – das ist Pressbetankungsbildung und noch schneller als das achtjährige Gymnasium. Nun gut, ich muss ja bei ihr nicht mein Abitur machen.

Nachdem wir nun wissen, wer da vor uns kniet, gibt es noch eine kurze Einführung in das Thema Klangschalentherapie. Ursprünglich kommen die Klangschalen aus Indien und Tibet, dort wurden sie als Küchengeschirr genutzt (hatte ich also doch recht). In den 1980er-Jahren wurden sie von Peter Hess entdeckt. Die Wirkung der Klangtherapie beruhe darauf, dass der menschliche Körper zu einem großen Teil aus Wasser bestehe, das durch die Schallwellen in Bewegung versetzt werde. Das sei nichts anderes als eine innerliche Massage der Körperzellen. Da werden sich meine Ribosomen und Mitochondrien aber freuen!

Lassen sich durch die Schallwellen körperliche und seelische Verspannungen lösen?

Jedenfalls lassen sich durch die Schallwellen körperliche und seelische Verspannungen lösen, so unsere Kursleiterin. Manche Therapeuten seien sogar der Ansicht, dass mithilfe der Töne ein tranceähnlicher Zustand erreicht werden kann. – Aha, jetzt rieche ich den Braten. Die wollen mich hier als einzigen Mann meiner Sinne berauben und dann über mich herfallen. – Dieser Ansicht sei sie jedoch nicht, fährt die Kursleiterin fort. Da habe ich wohl noch mal Glück. Sie sei

vielmehr Anhängerin des energetischen Ansatzes, der besagt, dass Klang und Vibration der Klangschalen Blockaden im feinstofflichen Bereich lösen würden. Hmm, das klingt mir ein wenig zu esoterisch. Erst recht, als sie ihre Einführung mit einem Verweis auf die vor ihr liegenden Engelkarten abschließt. Jeder von uns solle sich eine beliebige Karte nehmen. Nicht wir würden die richtige Karte finden, sondern die richtige Karte würde uns finden.

Nun gut, ich will kein Spielverderber sein und ziehe aus dem Kartenfächer »El Morya« (null Plan, was das bedeutet). Unterhalb eines kryptischen Symbols befindet sich der Satz »Ich bin im Frieden mit mir selbst«. Die Karte sollten wir an eine beliebige Stelle unseres Körpers legen – dorthin, wo wir sie besonders brauchen. Tja, wo soll ich die Karte platzieren? Lege ich sie mir auf den Bauch, wird jeder denken, ich litte unter chronischen Flatulenzen. Im Lendenbereich würde man mir eine erektile Dysfunktion unterstellen. Auf dem Kopf würde man mich für meschugge halten. Ich lege die Karte auf meinen rechten Fuß. Schließlich wurde ich da unlängst operiert – das ist unverfänglich und schaden wird es hoffentlich auch nicht.

Nun beginnt die eigentliche »Zeremonie«. Nachdem sich alle in die zuvor beschriebene Position begeben haben, steht Frau Höckel-

Uvermann auf und verteilt über jedem von uns »Engelsspray«. Ich denke, ich höre nicht recht. Sie hat tatsächlich »Engelsspray« gesagt. Es gibt definitiv mehr auf diesem Planeten, als ich jemals werde verstehen können. Zu Hause werde ich nachlesen, dass man diese Aura-Essenzen im Internet kaufen kann – 100 Milliliter für 25,80 Euro. Ab einem Bestellwert von 55 Euro sogar portofrei. Ich muss sagen: Die Engel haben's drauf. Ein richtig cooler Onlineshop mit einer riesigen Auswahl. Da gibt es beispielsweise »Meister-Aura-Essenz Lemurian Sisterhood«, »Meister-Aura-Essenz Kuthumi« oder »Aura-Essenz Erzengel Perpethiel«. Ich stelle mir ein paar Engel in einem Loftbüro Typ »Prenzlauer Berg« vor, wie sie in Holzfällerhemden und mit Vollbärten hinter riesigen Apple-Computern sitzen und ihren Onlineshop programmieren. Halb gegessene Pizzen in offenen Kartons, Craft-Bier von Hops & Barley, Kickertische und an Backsteinmauern gelehnte Rennräder kennzeichnen das Interieur. Ja, so stelle ich mir das vor. Die wirklich spannende Frage aber lautet: Wie werden diese Essenzen wohl hergestellt? Wird Erzengel Perpethiel täglich gemolken? Oder werden gar irgendwelche seiner Körpersäfte zur Herstellung des Destillats verwendet? Manche Dinge möchte man einfach nicht wissen. Außerdem sollte ich nicht so denken. Wenn ich eines Tages von meinem Schöpfer abberufen werde und an der Himmelspforte Einlass begehre, steht da vielleicht einer dieser Engel und meint, ich hätte damals so herablassend über sie geschrieben. Womöglich muss ich meine Recherchen dann in der Hölle fortsetzen.

Nachdem jeder bestäubt ist, schlägt unsere Kursleiterin ein paarmal auf verschiedene Schalen und beginnt, eine Geschichte vorzutragen. Der Spannungsgehalt der verlesenen Story ist so hoch wie eine Live-Übertragung aus dem usbekischen Parlament (ohne deutsche Untertitel). Die Handlung lässt sich mit einem Satz zusammenfassen: Wir gehen auf eine Wiese. Unsere Kursleiterin freilich schmückt das aus. Genau bringe ich den Text nicht mehr zusammen, aber es war irgendetwas in der folgenden Art:*

»Stell dir vor, du stehst auf einer Wiese.
Der Morgen kündigt sich am nahen Horizont an.

---

* Zitiert nach CC 2.0, René Lecoutre, https://meditationsleiter.de/wp-content/uploads/phantasiereise_blume.pdf

Vor dir siehst du eine wunderschöne Blume.
Gehe zu ihr.
Fühle deine Verbindung …
Die Blume ist eine ganz besondere Blume.
Das kannst du spüren.
Verbinde dich einfach mit ihr.
Werde Blume, sei einfach Blume …
Du bist jetzt die wunderschöne Blume.
Fühle …
Spüre zu deinem Aussehen,
Fühle deine Farbe,
Rieche deinen lieblichen Duft.
Was bist du für eine Blume?
Schau dir deine Blüte an,
die Blütenblätter,
den süßen Pollen …«

Ganz ehrlich: Der Grund, weshalb ich die Geschichte später nicht mehr wiedergeben kann, ist ein einfacher: Ich schlafe tatsächlich nach fünf Minuten ein. Meine Frau merkt das und knufft mich in die Seite. Ich komme zu Sinnen, aber nur für einen Augenblick. Auch dies bemerkt meine Angetraute und schnappt sich meine Hand. Jedes Mal wenn ich etwas lauter atme (später wird sie steif und fest behaupten, ich hätte geschnarcht, was aber echt nicht der Fall war), drückt sie mir die Finger zusammen. Anfangs noch zärtlich, im weiteren Verlauf dann zunehmend kräftiger, bis sie irgendwann die Power eines Schraubstocks entwickelt. Keine Ahnung, woher sie mit ihren zierlichen 157 Zentimetern diese Kraft nimmt, jedenfalls verhindert sie auf diese Weise, dass ich Morpheus anheimfalle.

Während unsere Kursleiterin also ihre Geschichte vorträgt, lässt sie immer wieder irgendwelche Schalen erklingen. Auch andere Instrumente kommen zum Einsatz, deren Töne mal an Wind, mal an Regentropfen und dann wieder an Vogelgezwitscher erinnern. Das hat durchaus eine beruhigende Wirkung. Gleichzeitig stört mich aber die monotone Stimmlage auch. Wahrscheinlich liegt es mehr an mir oder an den Eingriffen meiner Frau, dass ich doch nicht so ganz zur Ruhe komme. Jedenfalls bin ich erleichtert, als das Ende der Geschichte erreicht ist.

Die Aufwachphase läutet unsere Kursleiterin mit den Worten »Setzt eure Gedanken auf Wolken und lasst sie fortsegeln« ein. Na, dann gute Fahrt und immer schön auf den Gegenverkehr achten! Wir sollen uns recken und strecken wie morgens im Bett. Anschließend begeben wir uns in den Schneidersitz. Wir werden aufgefordert, unsere Erfahrungen mit ihr zu teilen. Zwei Teilnehmerinnen tun dies nicht durch Worte, sondern Taten. Sie springen unvermittelt auf und verlassen fluchtartig den Raum. Nicht einmal eine der Tulpen nehmen sie zur Erinnerung mit, wie von Frau Höckel-Uvermann angeboten. Lediglich eine Dame erklärt sich zum Feedback bereit. Ihr habe es schon gut gefallen, nur der von außen hereindringende Straßenlärm, vor allem aber die Schnarchgeräusche im Raum hätten sie massiv dabei beeinträchtigt, sich auf die Geschichte einzulassen. Alle noch vorhandenen Augenpaare starren mich an. Ich drehe mich um, sehe aber niemanden hinter mir sitzen.

Nachdem sonst niemand seine Gefühle mitteilen möchte, beendet unsere Kursleiterin die Klangreise mit einem profanen »Schön, dass ihr da wart«.

Auf dem Nachhauseweg – es ist glücklicherweise inzwischen dunkel – halten wir uns an dicht an den Hauswänden und meiden das Licht der Laternen, schließlich wollen wir auch jetzt nicht erkannt werden. Bei einem Montepulciano reflektieren meine Gattin und ich den Abend. Das Urteil fällt zwar nicht ganz so krass aus wie das der beiden hinausstürmenden Teilnehmerinnen, aber auch nicht wirklich positiv.

Das Däfler-Test-Ergebnis

Fun-Faktor:	★★☆☆☆	Es gibt sicherlich Schlimmeres, als sich 90 Minuten in einen Raum zu legen und dabei beschallt zu werden. Allerdings hätte ich das auch im heimischen Wohnzimmer haben können.
Kosten:	★★★☆☆	Der Abend hat 6 Euro pro Person gekostet. Das ist überschaubar. Andererseits kostet mich schlafen im eigenen Bett keinen Cent.
Durchführbarkeit:	★★★☆☆	Meine Internetrecherchen haben ergeben, dass man zwar nicht überall, aber doch an vielen Orten in Deutschland zu einer Klangreise aufbrechen kann.
Zeitbedarf:	★★★☆☆	Mit An- und Abreise waren es bei uns zwei Stunden – nicht dramatisch viel Zeit, aber auch nicht so nebenher zu machen.
Eignung:	★★★★★	Okay, da bekommt die Klangreise volle Punktzahl, denn die einzige Voraussetzung, die man mitbringen muss, ist die Bereitschaft, sich eine Stunde lang ruhig hinzulegen. Wer nicht unter ADHS leidet, kriegt das hin.
Nachhaltigkeit:	☆☆☆☆☆	Sorry – das hat mich so gar nicht angesprochen. Ich hab's halt leider nicht so mit Engeln und esoterischem Gelaber.
Ergebnis	16 von 30 ★	

TEST 6

Qigong-Seminar – meine Antreiber kennenlernen

Na, das sieht ja ganz weltlich aus. Ich bin überrascht, dass das Tagungszentrum des Bistums, vor dem ich gerade stehe, so modern wirkt. Ein ehemaliges Kloster wurde umgebaut und erweitert – es dient heute als Hotel, Begegnungsstätte und Weiterbildungseinrichtung. Die Diözese hat ein umfangreiches Programm auf die Beine gestellt. Wenn ich gewollt hätte, dann hätte ich auch am offenen Singkreis »Singend.Bewegt.Sein«, am »Holzschnitzkurs für Anfänger und Fortgeschrittene« oder am Kurs »Finde zum Kern in dir – Auf der Suche nach dem heiligen Ort in uns« teilnehmen können. Allerdings habe ich mich für ein anderes Thema entschieden, nämlich für das eintägige Seminar »Qigong und Transaktionsanalyse«. In der Ausschreibung heißt es: »Wenn wir gut im Kontakt mit uns selbst sind, kennen wir die Dynamik unserer Antreiber. Wir nutzen im Workshop die bewegten Übungen des Qigong, um den Modellen der Antreiber aktiv nachzuspüren und über die ganzheitliche Erfahrung Bewusstheit und Wahrnehmung zu stärken.«

Es ist kurz vor 10 Uhr, als ich den Seminarraum betrete. Den beiden noch freien Stühlen nach zu folgern, bin ich der vorletzte Teilnehmer. Ich setze mich und blicke in die Runde. Unsere Kursleiterin – ich schätze sie auf Mitte 50 – steht am Flipchart und ist noch damit beschäftigt, etwas vorzubereiten. Wir Teilnehmer sitzen im Stuhlkreis, sodass wir uns alle sehen können. Wie früher im Kindergarten, als wir morgens zusammenkamen und Fräulein Elbring mit uns *Wenn der Tag erwacht* gesungen hat. Sieben Teilnehmer sind weiblich, zwei männlich – mit mir beträgt der Jungsanteil also gut

20 Prozent. Hätte mich auch überrascht, wenn wir hier in der Mehrheit gewesen wären. Immerhin bin ich nicht allein. Wobei: Der Typ, der zwei Plätze rechts von mir sitzt, ist vielleicht nicht wirklich ein Mann. Er hat tatsächlich Birkenstockschuhe an und eine Thermoskanne mit seinem eigenen Tee (ich vermute: Bio-Brennnesseltee mit Zitronengrasaroma) dabei.

Die Kursleiterin, Frau G., räuspert sich. Ob sie jetzt *Ein Elefant wollt bummeln gehn* zur Begrüßung anstimmt? Nein. Es folgt eine klassische Begrüßung mit Erläuterung des weiteren Ablaufs. Dann geht sie auf das heikle Thema »Wie sollen wir uns ansprechen?« ein. Ihr Vorschlag, den ich so noch nicht gehört habe: Wir sollen uns abwechselnd mit »Du« und »Sie« anreden. Dies solle uns zeigen, wie Sprache wirkt, und würde die Aufmerksamkeit fördern. Hmm, ich weiß nicht. Das ist ja auch wie früher im Kindergarten – da habe ich auch immer gesagt: »Du, Frau Elbring, der Jürgen ist doof, der hat mir den Bagger weggenommen.« Egal, ich werde es unvoreingenommen ausprobieren.

Sodann beginnt die obligatorische Vorstellungsrunde: Wir sollen sagen, aus welchen Gründen wir heute da sind. Eine Endvierzigern macht den Anfang: Vor ein paar Monaten hatte sie einen Burn-out und während des anschließenden Kuraufenthaltes Qigong kennengelernt, was sie nun intensivieren will. Als Nächstes stellt sich eine Lehrerin vor, die zwar noch keinen Burn-out hatte, aber kurz davor steht. Die Schüler heute seien kaum mehr zu bändigen. Und dann noch die Eltern – die würden einen für jeden »Scheißdreck« (Originalton) »ankacken« (auch dies wörtlich zitiert). Uiii – die Wortwahl unseres Bildungspersonals könnte auch etwas gehobener sein. Die meisten anderen Teilnehmer kommen aus den gleichen Motiven: zu viel Stress, zu wenig Zeit. Was man sich wünscht: innere Ruhe, Kraft für den Alltag und mal was für sich tun. Fleißig notiert unsere Kursleiterin die Erwartungen aus der Runde auf Metaplankarten und klebt diese ans Flipchart.

Fast eine Stunde ist nun mit Blabla vergangen, bis es endlich mit dem eigentlichen Inhalt losgeht. Die Transaktionsanalyse ist ein Konzept des Mediziners und Psychologen Eric Berne (1910–1970), das erklären soll, was sich in und zwischen Menschen abspielt, erfahren wir. Der etwas sperrige Begriff »Transaktion« steht dabei für jeden Kontakt, den wir Menschen mit anderen haben. Okay, und was fange ich jetzt mit diesen Informationen an? Ich darf nicht ungeduldig sein und verkneife mir eine Nachfrage. Schon wird das zweite Schlagwort des Seminartitels erläutert: Qigong. Dies sei eine ganz, ganz, ganz alte Methode aus China. Unsere Leiterin schwebt zur gegenüberliegenden Raumseite, an der eine sehr große Pinnwand angebracht ist. Erst jetzt erkenne ich, dass die Kursleiterin sie mit etlichen Zetteln, Bildern und Postern dekoriert hat. Auf einem DIN-A3-Blatt prangt das Schriftzeichen für »Qigong«. Es besteht aus zwei Teilen. Der linke steht für »Nahrung« und »Atmen«, während man den rechten am besten mit »Ackerwerkzeug« und »Stärke« übersetzen kann. Und zusammengenommen bedeutet »Qigong« dann also »Kultivieren, was uns stärkt« oder (etwas freier) »Lebenskunst« bzw. »Lebenspflege«. Obwohl wir Qigong mit »o« schreiben, wird es wie »u« ausgesprochen, lernen wir, also »Chigung«. Dabei handelt es sich um einen Oberbegriff, der sehr viele Methoden und Übungswege beinhaltet, etwa Atemtechniken, Achtsamkeitspraktiken und bestimmte Bewegungen. Mit Letzterem würden wir uns im Folgenden beschäftigen. Das klingt ja alles nicht schlecht, aber das gilt für eine Hotelbeschreibung im Katalog ja auch. Entscheidend ist, wie es wirklich ist.

Gerade waren wir gedanklich noch Jahrtausende zurück im Fernen Osten, geht es nun ratzfatz wieder in die jüngste Vergangenheit der USA. Dort ersann nämlich in den 1970er-Jahren Taibi Kahler das Modell der inneren Antreiber. Frau G. erklärt uns, dass Kahler – aufbauend auf den Arbeiten von Eric Berne – untersucht hat, was uns Menschen antreibt. Stark verkürzt und vereinfacht lautet seine zentrale These: Auch im Erwachsenenalter verhalten wir uns oft noch so, wie wir es früher von unseren Eltern und Erziehern beigebracht bekommen haben. Unweigerlich muss ich an Frau Elbring denken – wusste ich doch, dass sie mich damals in meinen Kindergartentagen traumatisiert hat.

»Ein Indianer kennt keinen Schmerz.«
»Lass dich nicht so hängen.«
»Komm, gib Oma ein Küsschen.«
»Bei Tisch wird nicht geredet.«
»Ohne Fleiß keinen Preis.«
»Das geht noch besser.«

Frau G. konfrontiert uns mit diesen und vielen weiteren Aussagen. Anschließend löst sie auf: Solche – oft nur sehr kurzen – Sätze seien es, die uns ein Leben lang begleiten würden. Ermahnungen dieser Art haben wir alle so verinnerlicht, dass uns im Erwachsenenalter gar nicht mehr bewusst sei, woher sie stammen. Anders ausgedrückt: Auch heute, da wir 30, 40 oder 60 Jahre alt sind, würden wir immer noch so handeln wie damals als kleine Kinder, als wir uns die Anerkennung, Liebe und Zuneigung unserer Eltern sowie Erzieher »erkauften«, indem wir uns regelkonform verhielten.

Da ist was dran. Ich weiß, dass ich früher immer »Trödelkönig« gerufen wurde, weil ich es offenbar alles andere als eilig hatte. Stets war ich der Letzte, wenn schon alle fertig in der Tür standen, um zum Einkaufen oder sonst wohin zu fahren. Warum auch die Hetze? Ich musste doch erst noch mit meinen Matchbox-Autos ein Rennen austragen. Mantraartig wurde ich dazu ermahnt, jetzt aber wirklich mal flott zu machen. Irgendwann hatte ich dann wohl das ganze Genörgel satt, und ich schaffte es tatsächlich, überpünktlich zu sein. Je älter ich wurde, desto ausgeprägter wurde mein Pünktlichkeitsstreben. Heute ertrage ich es nicht, auch nur eine Minute zu spät zu einem Termin zu kommen – lieber bin ich eine Viertelstunde vorher da, obwohl das meistens gar nicht sein müsste. Hat mein Pünktlichkeitswahn also was mit meiner Erziehung zu tun? Ich werde gleich nachher ein ernstes Gespräch mit meiner Mutter führen!

»Wenn Sie nun Ihre Eltern dafür verantwortlich machen wollen, dass es Ihnen als Erwachsenen nicht gut geht« – ja, genau, das tue ich! –, »dann warten Sie bitte einen Moment! Denn in aller Regel mussten wir uns diese Sprüche anhören, weil man es gut mit uns meinte.« Also vielleicht doch keine Konfrontation mit Mama? »Die Absicht dahinter war ja meist, dass wir selbstständig werden und uns in der Welt behaupten.« Okay, aber was heißt das jetzt konkret für meinen Alltag? Die Antwort werde ich später erhalten, jetzt heißt es erst mal, den Raum zu wechseln. Wir begeben uns in das Meditationszimmer des Klosters – unterwegs grüßen Heiligenbilder von den Wänden und jahrhundertealte Gedenktafeln aus Sandstein. Eine »Kissenbar« (was es nicht alles gibt) und ein Gettoblaster aus den 1990er-Jahren sind das einzige Inventar. Das klobige Gerät steht im Kontrast zu der sanften Musik, die aus ihm strömt: zarte Naturklänge, untermalt mit chinesischen Gitarrenlauten (ja, ich weiß, dass es keine Gitarren sind, aber ich habe keine Ahnung, wie diese Zupfinstrumente heißen). Wir ziehen die Schuhe aus, und unsere Leiterin bittet uns, leise einfach so im Raum herumzulaufen, um »anzukommen«: »Ich würde euch jetzt einladen, eins zu werden mit der Atmosphäre!« Das muss man mal gemacht haben! Man kommt sich vor wie ein Psycho in einer geschlossenen Anstalt, wenn man schweigend mit zehn Wildfremden durch einen 18 Quadratmeter großen Raum schlendert und dabei nur in grenzdebil grinsende Gesichter schaut.

Innere Antreiber sind tief sitzende Überzeugungen und stammen aus der Kindheit.

»Wie geht es euch?« Ja, fantastisch. Das war jetzt eine ungemein inspirierende Erfahrung, hier minutenlang *Einer flog übers Kuckucksnest* nachzuspielen. Ich beiße mir auf die Zunge und versuche so zu wirken, also ob ich gerade von Buddha höchstpersönlich die Frucht der Erkenntnis verabreicht bekommen hätte. Jetzt sollen wir das »Qi« wecken. Ich wusste gar nicht, dass es geschlafen hat. Wie auch immer: Gerade als wir in die Hocke gehen wollen, setzt von irgendwoher ohrenbetäubender Lärm ein. Ein Presslufthammer wurde in Betrieb genommen. Na, jetzt ist das Qi bestimmt glockenwach. Die Kursleiterin ist überhaupt nicht irritiert ob dieser Geräuschkulisse und meint nur, der Boden in der Klosterkirche werde erneuert.

Etwa eine Viertelstunde lang machen wir verschiedene Übungen, und zwar in einem Tempo, das als »Super-Extra-Slow-Motion« zu bezeichnen heillos übertrieben wäre. Während man nur eine Bewegung ausführt, könnte man ein Vier-Gänge-Menu für eine Hochzeitsgesellschaft kochen oder Tolstois *Krieg und Frieden* auswendig lernen. Nun, das Ganze soll ja auch entschleunigen.

Von derartiger körperlicher Verausgabung fast bis zum Exitus erschöpft, schleppen wir uns mit letzten Kräften in die Kantine. Welch angenehme Überraschung! Ein vorzügliches Essen wartet auf uns. Und das Allerbeste: Es gibt Klosterbier. Ich bin der Einzige, der sich eines bestellt, wie ich sogleich bemerke. Lauter vorwurfsvolle Blicke durchbohren mich, nach dem Motto: »Dies hier ist kein Alkoholikertreff.« Meine Tischnachbarin meint sogar: »Na, du lässt es dir ja gut gehen.« Aus reinem Protest bestelle ich mir noch zwei Flaschen.

Leider ist die Pause nur sehr knapp bemessen, sodass ich mir das weitläufige Klostergelände nicht genauer anschauen kann. Dafür hat unsere Leiterin eine Überraschung für uns: Wir machen die erste Übungseinheit nach dem Mittagsessen im Freien. Es ist Ende März, und heute ist einer dieser unbeschreiblichen Tage, an denen nach einem langen Winter die Sonne erstmals so intensiv scheint, dass man sich am liebsten den ganzen Tag nur auf eine Parkbank setzen und Malaga-Walnuss-Stracciatella-Eis schlotzen möchte.

Wir finden uns auf dem Rasen vor der Klosterkirche ein und beginnen wieder damit, das Qi zu wecken. Mein Gott! Das ist aber auch verpennt, schläft ständig ein! Das »Qi-Wecken« kann man sich etwa so vorstellen: Man geht leicht in die Hocke und hebt dann die Arme etwa auf Brusthöhe. Für die Bauarbeiter, die immer noch damit beschäftigt sind, den alten Boden der Klosterkirche wegzustemmen, wirkt das so, als wollten zehn in einem Halbkreis positionierte, mittelalte Menschen, deren Äußeres kaum Hinweise auf psychische Erkrankungen gibt, gerade zeitgleich in den Park scheißen. Ich muss schmunzeln.

Die Übungen heißen »Den Ball tragen«, »Den Regenbogen schwingen« oder »Den Mond schauen«. Immer wieder fordert uns die Kursleiterin auf, in uns hineinzuspüren, auf die Yin-Phase zu achten oder die Erdenergie wahrzunehmen. Spätestens jetzt zweifle ich an der Seriosität des Qigong. Soll ich einfach einen Krampf vortäuschen und in die Klosterschänke gehen, um dort ein weiteres Bier zu konsumieren, bis die Übungen vorbei sind? Nein! Du bist aus wissenschaftlicher Neugierde da und solltest das Ganze etwas ernsthafter angehen. Also versuche ich, die einzelnen Bewegungen so gewissenhaft nachzumachen wie alle anderen Teilnehmer, die offensichtlich nicht den leisesten Zweifel daran haben, dass sie ihre innere Mitte finden, wenn sie nur lange genug den »Mond geschaut« haben. Tatsächlich: Nach einer Weile stellt sich auch in mir eine gewisse Ruhe und Zufriedenheit ein. Sind es die monotonen, verlangsamten Bewegungen? Ist es die angenehme Vorfrühlingssonne, die mich streichelt? Oder sind es die drei Bier vom Mittagessen? Ich weiß es nicht, jedenfalls bin ich versöhnlich gestimmt, als wir wieder zum Kursraum zurückkehren.

Nun ist nicht der Körper, sondern der Kopf gefordert. Unsere Leiterin teilt ein auf der Vorder- und Rückseite bedrucktes Blatt aus. Darauf: der Selbsttest zu den inneren Antreibern mit 50 Aussagen, die wir jeweils auf einer Skala von 1 (trifft überhaupt nicht zu) bis 5 (trifft ganz genau zu) bewerten sollen. Das sind so Aussagen wie »Wenn ich eine Arbeit mache, dann mache ich sie gründlich« oder »Es ist mir wichtig, von den anderen zu erfahren, ob ich meine Sache gut gemacht habe«. Am Ende sollen wir die Antworten in eine Auswertungstabelle übertragen. Dazu muss man das Blatt ständig hin- und herwenden. Ein nervöses Papierrascheln begleitet also diese Phase. Anschließend muss man die Ergebnisse addieren. Im Kopf! Wann haben Sie das letzte Mal 5+1+3+3+4+2+5+1+4+2+4 ohne Zuhilfenahme eines Taschenrechners addiert? Ich komme an meine kognitiven Grenzen, aber schließlich gelingt es mir, die Rechenoperationen auszuführen (ich muss daheim kontrollieren, ob ich wirklich richtig gerechnet habe) und für jeden der fünf klassischen inneren Antreiber einen Wert zu ermitteln. So weiß ich jetzt, dass ich bei »Sei stark« bei 34 liege.

Was fangen wir mit diesen Zahlen an? Ist das die Antwort aller Fragen, so wie einst »42« in Adams' Roman *Per Anhalter durch die*

Galaxis? Habe ich die neue Weltformel gefunden? Laut Kursleiterin sagen die Werte zunächst mal: gar nichts. Aha! Also Beschäftigungstherapie für die Gruppe. Nein, so ist es auch nicht, denn die Summen können uns einen Hinweis darauf geben, wie stark die einzelnen Antreiber bei uns ausgeprägt sind. Je höher der Wert, desto dominanter – und desto eher sollten wir uns fragen: Wo blockiert mich dieser innere Antreiber? Wie sehr gehört er zu mir?

»Jetzt würde ich euch einladen, in die Kleingruppenarbeit zu gehen.« Warum spricht sie eigentlich ständig im Konditionalis? Warum lädt sie uns nicht einfach ein, oder warum sagt sie nicht schlicht: »Wir machen jetzt Kleingruppenarbeit«? Jedenfalls fühle ich mich in der Kleingruppe wie beim Literarischen Quartett: unverständliches pseudointellektuelles Gebrabbel und verschwurbelte Gedanken, die da ausgetauscht werden. Ich werfe ein paar völlig wirre Wortfetzen in die Runde, die mit »Interessanter Aspekt, den du da ansprichst« kommentiert werden.

Allmählich neigt sich das Seminar dem Ende zu. In der Feedbackrunde gibt es ausnahmslos positive Rückmeldungen von den Teilnehmern. Schön, wenn es denen so gut gefallen hat. Mein Fazit fällt dagegen etwas kritischer aus.

Das Däfler-Test-Ergebnis

Fun-Faktor:	★★☆☆☆	Relativ spaßbefreit. Hätte man vielleicht doch ein bisschen lockerer machen können.
Kosten:	★★★☆☆	Die Tagesveranstaltung hat 75 Euro gekostet, inklusive Mittagessen (sehr gut!) und Getränken. Da kann man absolut nicht motzen.
Durchführbarkeit:	★★★☆☆	Meine Recherchen haben gezeigt, dass ähnliche Kurse von verschiedenen Bildungseinrichtungen angeboten werden, zwar nicht in jeder Stadt, aber zumindest in sehr vielen Regionen.

Zeitbedarf:	★★★☆☆	Einen Tag muss man sich Zeit nehmen. Relativ komprimiert wird einem da viel Wissen vermittelt.
Eignung:	★★★★☆	Bestimmtes Vorwissen muss man nicht mitbringen. Die Übungen können auch von körperlich Eingeschränkten gemacht werden. Eine gewisse »geistige Empfänglichkeit« ist von Vorteil.
Nachhaltigkeit:	★★★☆☆	Sowenig ich nach dem Kurs verstanden habe, was Qigong nun mit den inneren Antreibern zu tun hat, so plausibel erscheint mir dieses Modell der inneren Antreiber aber. Ich bin davon überzeugt, dass es vielen Menschen wertvolle Einsichten verschaffen kann. Mit Qigong habe ich mich vorsichtig angefreundet. Ich muss das noch mal woanders intensivieren.
Ergebnis	18 von 30 ★	

TEST 7

Japanische Teezeremonie – Gelassenheit in Tassen

»Diese Puppen stellen das Kaiserpaar dar. Sie tragen Kleidung aus der Heian-Zeit. Und hier unten sind die Hofdamen, dann kommen die Musiker.« Japan mitten im Taunus! Der sehr sympathische Mitfünfziger erklärt uns in seinem Wohnzimmer mit dezent bayerisch gefärbter Stimme, dass demnächst in Japan das Mädchenfest gefeiert werde und dass aus diesem Anlass in vielen Familien solche Arrangements aufgebaut würden. Die strahlenden Augen und seine kenntnisreichen Ausführungen zeugen von seiner Begeisterung für das Land der aufgehenden Sonne. Schnell sind wir in einer angeregten Unterhaltung, die ich gern fortgesetzt hätte, wenn uns nicht die Dame des Hauses höflich daran erinnern hätte, warum wir eigentlich da sind: Wir dürfen heute Gast bei ihr sein und an einem Übungskurs teilnehmen.

Yumiko Ono-Wiesheu Soyu lebt mit Unterbrechungen seit vielen Jahren in Deutschland und ist Teemeisterin der »Urasenke«. Bei meinen anfänglichen Recherchen hatte ich herausgefunden, dass der japanische Teeweg eine jahrhundertealte Tradition hat. Der buddhistische Mönch Eisai hatte im 12. Jahrhundert den Tee von China nach Japan gebracht und in Japan den ersten Teestrauch gepflanzt. Anfangs blieb der Tee ausschließlich den Mönchen vorbehalten, die damit Energie und Konzentration für ihre Meditation erlangten. Später, im 14. und 15. Jahrhundert, fand die Oberschicht immer mehr Gefallen an Tee. Im 16. Jahrhundert verband Sen no Rikyū die Teezubereitung mit der Zen-Philosophie. Er gab ihr damit die Form, die wir heute als »Teezeremonie« bezeichnen. Die Nachkommen Rikyūs führten seinen Weg in drei Familienlinien fort. Eine davon wird als »Urasenke« bezeichnet und Frau Wiesheu ist sozusagen deren Statthalterin im Rhein-Main-Gebiet. Die »Chado Urasenke Tankokai Frankfurt Association« wurde im Jahr 2011 als 105. ausländische Gesellschaft der Urasenke-Tankokai-Organisation gegründet. Teemeisterin Wiesheu, die fließend Deutsch spricht, bietet regelmäßig Unterricht, Hospitationen und Schnupperkurse im Souterrain ihres Hauses in Bad Homburg an.

Heute sind drei langjährige Schüler von ihr anwesend. Es ist Samstagmorgen, meine Frau und ich haben auf Stühlen an der Seite des etwa 50 Quadratmeter großen Raumes Platz genommen. Durch die Fenster blinzelt die Märzsonne. Etwa die Hälfte des Zimmers wird von einem ungefähr 70 Zentimeter hohen Podest eingenommen, das mit Matten bedeckt ist, die mich an meine Jugend erinnern – auf solchen Unterlagen habe ich manche Stunde im Freibad verbracht. Hier handelt es sich jedoch nicht um billige Bambusmatten, sondern um hochwertig gefertigte Teile, deren Bedeutung uns später erklärt werden wird. An zwei Stellen klaffen quadratische Vertiefungen, in denen je ein Kessel auf einer elektrischen Kochplatte steht. An einer Seite des Podests baumeln zwei Schiebetüren von der Decke – dahinter befindet sich ein Vorplatz mit einem Waschbecken; daneben stehen allerhand Dosen und weitere Utensilien, deren Bedeutung sich uns in den nächsten Stunden erschließen wird.

Wer sind die Schüler? Ein Mann, Anfang 30, in blütenweißem Businesshemd und schwarzer Hose, eine etwa 40-jährige Dame in einem schlichten, altrosafarbenen Kimono sowie eine Japanerin etwa gleichen Alters, die einen deutlich aufwendigeren Kimono trägt. Auch Frau Wiesheu hat einen traditionellen Kimono angelegt, aus dem sie im Laufe des Vormittags immer wieder verschiedenstes Zubehör hervorzaubert. Ich bin mir sicher, dass sie nur mit diesem Kimono bekleidet spontan das Land verlassen und darin alles Notwendige für 14 Tage unterbringen könnte.

Ohne große Vorrede geht es los und wir sind mitten im Unterricht. Auf dem Programm steht heute eine spezielle Form der Teezeremonie. Bislang dachte ich, es gäbe genau einen Weg, Tee zuzubereiten: Wasser kochen, in die Kanne schütten, Beutel rein und fertig. Nun erfahre ich, dass unzählige Variationen existieren. Jetzt kapiere ich auch, was das mit »Urasenke« und den verschiedenen Traditionen auf sich hat. Man kann sich das so vorstellen: Es ist nicht wie beim Fußball, wo einheitliche Regeln gelten, sondern es gibt ganz verschiedene Interpretationen. Mal hat eine Mannschaft nur neun statt elf Spieler, mal darf der Ball mit dem Kopf gespielt werden, dann wieder nicht, mal dauert eine Spielzeit 32 Minuten, mal 45 Minuten und so weiter. Das Entscheidende ist: Hat man sich für eine Variante entschieden, muss man sich genau an deren Vorschriften halten. Das ist wahnsinnig komplex. So muss man sich Dutzende von Schritten merken, die von Variation zu Variation unterschiedlich sind. Das thermodynamische Gleichgewicht trigonometrischer Sternparallaxen ist dagegen kinderleicht zu verstehen.

Nun, ich bin ja Novize und so sollte ich mich da nicht gleich abschrecken lassen. Frau Wiesheu korrigiert ihre Eleven: »Nein. Sie müssen erst mit dem rechten Fuß die Linie überschreiten.« »Ach ja, stimmt!« »Sie haben vergessen, dass Sie auf dem Rückweg zuerst mit dem linken Fuß losgehen müssen.« »Richtig, hab ich nicht dran gedacht.« Die Teemeisterin hat ihre Augen überall. Sanft, nie oberlehrerhaft und doch fachkundig werden die Novizen verbessert. Dabei lacht sie häufig und vermittelt en passant Teile ihres schier unendlich erscheinenden Wissens, etwa dass der Teeweg auf der Philosophie des »Wa Kei Sei Jaku« basiert. Das sind die vier fundamentalen Prinzipien, die man seinem ganzen Leben zugrunde legen und durch die Teezeremonie einüben sollte: »Wa« steht für Harmonie, »Kei« für Respekt, »Sei« für Reinheit und »Jaku« für Gelassenheit und innere Ruhe.

Aber worum geht es konkret? Während der Teezeremonie sollte ein harmonisches Gefühl zwischen Gast und Gastgeber entstehen, geprägt von Hochachtung und Respekt. Respekt gilt es auch im Umgang mit den Teegeräten zu zeigen, die eine sorgfältige Handhabung erfordern. Sauberkeit und Ordnung der Dinge und des Herzens sowie Stille sind weitere wichtige Elemente der Prozedur. Das äußert sich unter anderem darin, dass nur der sogenannte »erste Gast« mit dem Gastgeber sprechen darf, alle anderen Gäste sind still. Inhalt dieser Unterhaltung ist stets der Tee und alles, was damit zusammenhängt. Sämtliche weltlichen Themen haben in der Zeremonie nichts zu suchen.

Nachdem der Eröffnungsteil – das Betreten des Teeraums – hinreichend häufig geübt ist, beginnt die eigentliche Zeremonie. Allein das

Anrichten der verschiedenen Utensilien dauert eine gefühlte Ewigkeit. Heute kommen zum Einsatz: eine Schöpfkelle aus Bambus, ein dreibeiniger Halter für selbige, eine Dose mit dem Teepulver, eine reich verzierte Stofftasche, in der die Dose aufbewahrt wird, eine Art Löffel mit langem Stiel für das Entnehmen und Dosieren des Teepulvers, ein Miniquirl aus Bambus, ein Topf mit Frischwasser, einer mit Brauchwasser und einer für die Aufnahme des Spülwassers. Weiterhin werden benötigt: ein Tuch zum Reinigen, das in den (Kimono-) Gürtel gehängt wird, Servietten, Fächer (dienen allerdings nicht der Kühlung, sondern werden im Sinne einer abstrakten Markierung zur Erweisung von Respekt verwendet – bitte fragen Sie mich nicht weiter) sowie diverse Boxen und Teller für das Anreichen von Süßigkeiten.

Die Zeremonie, die heute erlernt wird, erfordert einiges Umdenken von den Schülern. Soweit ich es verstanden habe, müssen nämlich zahlreiche der einzelnen Schritte – gemessen an den meisten anderen Varianten – spiegelbildlich ausgeführt werden. Das heißt: Wird die Schöpfkelle normalerweise mit der rechten Hand aufgenommen, muss dies nun mit der linken Hand geschehen. Befindet sich das Teegefäß sonst auf Höhe des linken Knies, ist es heute auf Höhe des rechten Knies. Die Verwirrung ist den Schülern anzumerken. Manchmal korrigieren sie sich selbst, manchmal werden sie von der Meisterin auf einen Fehler hingewiesen. Gelegentlich fragen sie sich auch gegenseitig: »Das Tuch muss ich doch so falten?« »Nein, genau andersherum.«

Da sind so viele Einzelheiten, die beachtet werden müssen, um die Zeremonie richtig auszuführen, dass mir schon nach wenigen Minuten klar wird: Ich könnte das nie erlernen – selbst wenn ich mehrere Jahre täglich üben würde. Tatsächlich ist das Erlernen des Teewegs eine lebenslange Aufgabe. Es dauert etwa zwei Jahre, bis man sich überhaupt erst mal Anfänger nennen darf. Das muss man sich mal vorstellen! Zwei Jahre lang üben, um dann zu sagen: »Ich bin ein Greenhorn.« Und dann geht es nicht anders weiter. Sehr langsam entwickelt man sich – fleißiges Üben und Talent vorausgesetzt – über fünf verschiedene Stufen hin bis zum Teemeister. Das kann locker zehn Jahre und länger dauern.

Frau Wiesheu hat eine entsprechend lange Ausbildung hinter sich. Erstmals in Kontakt mit der Teezeremonie kam sie, als sie

14 Jahre alt war. Ihre Mutter hat sie damals mehr oder weniger dazu gezwungen. Mit einem Schmunzeln berichtet sie, dass sie seinerzeit nicht allzu viel davon hielt. Erst einige Jahre später sollte sie wieder in Kontakt mit der Teezeremonie kommen, um dann 1994 ernsthaft anzufangen, die Regeln der Urasenke-Tradition zu erlernen. Heute ist sie weltweit angesehene Meisterin und bildet sich selbst mehrere Male pro Jahr in Kyoto beim Großmeister fort. Ihr Enthusiasmus geht mit ehrlicher Demut einher: »Ich bin mir im Klaren darüber, dass auch ich noch viel zu lernen habe. Die Teezeremonie zu beherrschen, ist eine Lebensaufgabe.«

Das wissen auch die Schüler und sind dennoch nicht frustriert. Ihnen ist bewusst, dass sie erst ganz am Anfang stehen. Gleichwohl sehen sie ihre Fortschritte. Der Herr im Businesshemd erklärt mir das so: »Das ist wie Autofahren lernen. Wenn man beginnt, muss man sich auf so viel konzentrieren: kuppeln, schalten, bremsen. Bis all die Schritte in Fleisch und Blut übergehen, dauert es eine Ewigkeit. Und irgendwann klappt's dann fast wie von allein.« Warum er eigentlich hier sei, will ich wissen. Seine Leidenschaft für Keramik hat ihn zur Teezeremonie gebracht, erzählt er. Das ist gar nicht so weit hergeholt, wie ich zunächst denke, denn Frau Wiesheu erläutert: »Die Utensilien bei der Teezeremonie sind ungemein wichtig. Jedes Teil soll auf ganz spezielle Weise gewürdigt werden. Normalerweise betrachtet der Gast einzelne Gegenstände sehr ausführlich und fragt beispielsweise den Gastgeber, woher die Tasse stammt, das heißt, welcher Handwerker sie erstellt hat. Dabei bleibt es nicht. Ein Gespräch könnte sich zum Beispiel über die Familie des Töpfers entspinnen. Oder man könnte über die dargestellten Motive sprechen. Noch eingehender wird die Herkunft des Tees erörtert.«

Diese Sätze hinterlassen bei mir einen nachhaltigen Eindruck. Die tiefe und ehrliche Auseinandersetzung mit scheinbaren Belanglosigkeiten zeigt mir, wie oberflächlich wir doch im Alltag unsere Umwelt und unsere Mitmenschen oft wahrnehmen. Klar kann ich mich nicht jedes Mal fragen, woher wohl die Kartoffel stammt, aus denen die Pommes gemacht wurden, die ich gerade zusammen mit meiner Currywurst vertilge. Aber: Etwas aufmerksamer durchs Leben zu gehen und die Menschen sowie die Dinge, mit denen wir uns umgeben, etwas mehr zu wertschätzen – das kann bestimmt nicht schaden.

Mein Notizheft ist schon reichlich gefüllt, als uns Frau Wiesheu nach zwei Stunden einlädt, nun doch einmal selbst an der Zeremonie teilzunehmen. Klasse! Darauf hatte ich gehofft. Ich versuche, das zuvor Gesehene vor mein geistiges Auge zu holen und zu rekapitulieren. Also, mit dem rechten Fuß zuerst … nein, Quatsch! Beim Betreten muss ich zunächst in die Hocke gehen. Schließlich war früher der Zugang zum Teeraum nur ein Loch, weshalb man kriechend den Raum betritt. Die Teemeisterin ist ausgesprochen höflich und meint, ich habe es gut gemacht. In Wirklichkeit stelle ich mich – so glaube ich zumindest – doch recht ungelenk an.

Da ich erst vor 14 Tagen am Fuß operiert wurde, kann ich nicht die eigentlich vorgesehene Sitzhaltung einnehmen, sondern begebe mich in eine Art angewinkelten Schneidersitz, Variante gestrandeter Zwergwal. Wir verneigen uns vor unserer Gastgeberin. Eigentlich müssten dabei einige Sätze auf Japanisch gesprochen werden, die uns allerdings mangels entsprechender Sprachkenntnisse nicht über die Lippen kommen. Ein freundliches Lächeln muss genügen. Sodann werden uns auf einem wunderschönen schwarzen Lacktablett spezielle Süßigkeiten gereicht. In welcher Reihenfolge und mit welcher Hand die Spezereien aufzunehmen sind, wird uns ebenso beigebracht wie die Art und Weise, in der die Serviette zu falten ist, die wir dabei zur Hilfe nehmen. Anschließend verneigt man sich erneut und dankt für das Süße, das dazu dienen soll, den etwas bitteren Geschmack des nun folgenden Tees zu mildern.

An dieser Stelle sollten jetzt 1327 Textseiten mit der genauen Darlegung des weiteren Vorgehens stehen, doch der Verlag hat sich entschlossen, diesen Part zu kürzen – man plant, ein acht Bände umfassendes Sammelwerk mit der detaillierten Beschreibung der einzelnen Schritte der Teezeremonie herauszugeben. Machen wir es also kurz: Ich bekomme die Teeschale gereicht, führe sie in genau vorgeschriebener Weise zum Mund und lasse mir den Matchatee schmecken. Dabei handelt es sich um den wohl teuersten Tee der Welt, der auf ganz besondere Weise angebaut, geerntet und verarbeitet wird. Im Gegensatz zu den Tees, die wir üblicherweise trinken, wird Matchatee angerührt, und zwar mithilfe eines Bambusquirls, der in etwa die Größe und das Aussehen eines Rasierpinsels hat. Gott sei Dank schmeckt der Tee nicht nach Rasierschaum, sondern hat einen fein herben, leicht bitteren Geschmack.

Die Teezeremonie ist eine Art aktive Meditation und erhöht die Achtsamkeit.

In einem zweiten Durchgang wird uns »dicker Tee« kredenzt – ein anderes Teepulver und deutlich weniger Wasser, sodass die Konsistenz viel dickflüssiger ist. Der Gastgeberin soll ich durch ein dezentes Schlürfen das Signal geben, dass ich ausgetrunken habe. Das nenne ich mal Kommunikation ohne Worte! In meinem Stammlokal bestelle ich demnächst das nächste Bier durch ein beherztes Rülpsen.

Inzwischen schmerzt mein Rücken – das lange Sitzen am Boden erscheint mir fast die größte Herausforderung für uns Europäer zu sein. Ich wechsle die Position und wende mich an die Dame mit dem altrosafarbenen Kimono. Ich möchte von ihr erfahren, weshalb sie nun schon seit einigen Jahren zweimal im Monat zu Frau Wiesheu kommt. »Seitdem ich die Teezeremonie praktiziere, sehe ich die Welt mit anderen Augen. Ich bin viel achtsamer geworden und kann besser in der Gegenwart leben. Im Alltag führe ich zahlreiche Tätigkeiten deutlich bewusster aus. Die Teezeremonie ist für mich so etwas wie eine aktive Meditation.« Aha! Das ist eigentlich genau der Grund, weshalb die Teezeremonie auf meiner Liste der zu prüfenden Gelassenheitsmethoden gelandet ist. Ich selbst habe zugegebenermaßen nicht die Zeit, mehrere Jahre lang zweimal im Monat zu Frau Wiesheu zu kommen, um mir selbst ein fundiertes Urteil über die Wirksamkeit der Methode zu erlauben, aber die Aussage der Schülerin deutet ja darauf hin, dass es wirklich funktioniert.

Inzwischen ist es schon 13 Uhr, und meine Bandscheiben flehen mich an, wieder eine artgerechte Sitzposition einzunehmen. Der Unterricht neigt sich auch dem Ende zu. Frau Wiesheu will wissen, wie es mir gefallen hat und was ich mitnehme. Ja, wie lautet mein Fazit? Allein das Betrachten der Übungen hatte einen unglaublich beruhigenden Effekt. Dadurch, dass alle Bewegungen verlangsamt, fast kann man sagen: in Zeitlupe, ausgeführt werden, erinnert das Ganze mehr an eine Form von Tai-Chi als an das Zubereiten von Tee. Mitunter habe ich mir sogar gedacht: »Wenn die das jetzt noch langsamer machen, passiert es rückwärts.« Allerdings ist es genau das, was ich als äußerst bedeutsame Lektion gelernt habe und was definitiv einen langfristigen Einfluss auf mich haben wird: mich bei meinen alltäglichen Handlungen – mögen sie noch so profan sein – viel mehr zu konzentrieren und sie bewusster auszuführen. Allein das kann enorm helfen, mehr Ruhe in den hektischen Alltag zu bringen.

Im Flur tauschen wir die Pantoffeln wieder mit unseren Straßenschuhen und verabschieden uns von einem kleinen Stück Japan inmitten des Taunus: »Domo arigato, Frau Wiesheu, für den inspirierenden Vormittag!«

Das Däfler-Test-Ergebnis

Fun-Faktor:	★★★☆☆	Auf jeden Fall gegeben. Auch wenn ich überwiegend passiv war, so hat diese »Gastrolle« doch auch schon Spaß gemacht.
Kosten:	★★★☆☆	Nicht unbezahlbar, aber auch nicht günstig. Wer dauerhaft dabeibleibt, sollte mindestens zweimal pro Monat kommen – das geht ganz schön ins Geld.
Durchführbarkeit:	★★★☆☆	Wer im Internet nach Angeboten wie dem von Frau Wiesheu sucht, findet im ganzen Bundesgebiet Teeschulen oder deutsch-japanische Einrichtungen mit Kursen.
Zeitbedarf:	★★★☆☆	Nicht zu unterschätzen. Dreieinhalb Stunden pro Übungseinheit sind schon recht viel Zeit – und das Ganze zweimal im Monat ...
Eignung:	★★★★☆	Eigentlich für jedermann geeignet. So sind Personen jedweder Altersgruppe und Herkunft unter Frau Wiesheus Schülern. Nur eines sollte man nicht haben: Rückenprobleme!
Nachhaltigkeit:	★★★★☆	Allein der eine Vormittag hat mir zwei wichtige Einsichten vermittelt, von denen ich zukünftig profitieren werde. Sicherlich kann man noch viel mehr Gelassenheit erlangen, wenn man dauerhaft Teezeremonie-Schüler ist.
Ergebnis	20 von 30 ★	

TEST 8

Wein-Walk – unterwegs im Weinberg des Herrn

Klasse – auf diese Entspannungstechnik habe ich mich so richtig gefreut. Die Ausschreibung klang vielversprechend: »Klöster sind Kult. Romantik auch. Und Wandern sowieso. Alles drei vereinen die Schwestern der Abtei St. Hildegard und Welterbe-Botschafter Wolfgang Blum in der Reihe der ›Hildegard Wein-Walks‹. Bei der ersten Tour der Wein-Walk-Trilogie 2017 begleiten wir unsere Gäste zum Niederwald. Dort inszenierte Graf von Ostein ab 1764 den damals schönsten Landschaftspark am Rhein. Nach Meinung der meisten Besucher ist er es bis heute geblieben. Die Germania, der Niederwaldtempel und zwei Weine machen die Tour zum Dreiklang aus Kloster, Romantik und Genuss.«

Es ist ein herrlicher Frühlingstag, es kleben ein paar fröhliche Wölkchen am Himmel und die Temperatur ist mit 20 Grad ideal zum Wandern. Wir parken auf einer großen Wiese, unmittelbar vor der Benediktinerabtei St. Hildegard in Rüdesheim, direkt in den Weinbergen mit einem atemberaubenden Weitblick in das Rheintal. Außer meiner Frau und mir steigen gerade aus mehreren anderen Fahrzeugen Wanderlustige aus. Direkt neben uns hat ein Paar – vermutlich im Vorruhestand – sein Auto abgestellt. Ich blicke zu ihren Füßen: Wanderschuhe, mit denen man sicherlich den K2 besteigen oder die Arktis durchqueren könnte. Auch die Kleidung und das sonstige Equipment der beiden lassen mich schlussfolgern, dass uns eine Hochgebirgstour bevorsteht: ein prall gefüllter Rucksack, in dem ich ein Biwakzelt und einen Schlafsack vermute, Walkingstöcke, Regenponcho (die Wahrscheinlichkeit, dass es heute regnet, ist so groß wie die, dass der ICE Würzburg–Hannover einmal pünktlich ist) und drei (!) 1,5-Liter-Trinkflaschen.

»Schatz, ich glaube, ich habe die Beschreibung nicht genau gelesen oder was falsch verstanden«, flüstere ich meiner Frau zu.

»Nee, da stand doch, dass es siebeneinhalb Kilometer sind und 160 Höhenmeter. Das läuft meine Oma noch locker«, beruhigt mich meine Gattin.

Dennoch bin ich leicht verunsichert, als wir die Pforte des Klosters durchschreiten. Auch viele der anderen Teilnehmer sind ausgerüstet, als ob wir eine Hochalpintour vor uns hätten. Jetzt ist es jedenfalls zu spät: Wir werden in unseren Turnschuhen und nur mit einer 0,5-Liter-Flasche stilles Wasser den Karakorum erobern.

Allmählich bildet sich eine Schlange, offenbar geht es gleich los. Eine Nonne mit grauer Tracht und stylischer Sonnenbrille – sie mag erst Ende 20 sein – steht mit einem Stempel und einem Serviergeldbeutel parat, um den Obolus von 10 Euro pro Person zu kassieren. Dafür bekommt man einen Stempel mit den Umrissen der Abtei auf den Unterarm und ein Glas Secco in die Hand gedrückt. Krass, wie früher in der Dorfdisko. Die Schwestern rocken hier voll einen ab.

Nachdem alle Teilnehmer gelöhnt haben, versammeln wir uns im direkt unterhalb des Klosters gelegenen Weinberg. Es mögen insgesamt an die 100 Leute sein. Das Publikum ist mehrheitlich älter, doch auch einige Jüngere sind darunter. Ich entdecke nur eine Familie mit zwei Kindern – einem Grundschüler und einem Pubertier. Der Arme! Wahrscheinlich wurde er von seinen Eltern gezwungen mitzukommen. Sein Gesichtsausdruck zeigt jedenfalls, dass er eine Laune zum Pflastersteinewerfen hat. Für den werden die nächsten dreieinhalb Stunden sicherlich zur Qual.

»Willkommen im Weinberg des Herrn!« Mit diesen Worten begrüßt uns unser Wanderführer Wolfgang Blum. Ein Typ, mit dem du sofort einen Wein trinken gehen würdest, weil man ihm auf den ersten Blick ansieht, dass er bestimmt schon wahnsinnig viel erlebt hat und dementsprechend einiges zu berichten weiß. Er bietet uns das »Tages-Du« an, das wir gern auch darüber hinaus verwenden dürften. Das macht den etwa 60-Jährigen gleich noch sympathischer – kein abgehobener Intellektueller, der uns in den nächsten Stunden begleiten wird, sondern ein Mensch zum Anfassen.

Neben Wolfgang stehen zwei Benediktinerinnen: Schwester

Andrea und Schwester Thekla. Auch diese beiden machen einen nahbaren, gar nicht verklärten Eindruck. Allein ihr Anblick verströmt eine XXL-Portion Gelassenheit. Sie heißen uns im Namen der Abtei St. Hildegard willkommen und werden uns auf der Tour begleiten. Wolfgang erklärt kurz das Programm und lädt uns im Falle eines dringenden Bedürfnisses ein, das WC zu nutzen – das Wald-, Wingert- oder Wiesen-Closet (»Wingert« bedeutet »Weingarten«). Meine Frau erschrickt. Bevor sie in die Weinberge zum Erleichtern gehen muss, flitzt sie nochmals schnell auf Toilette und ist gerade rechtzeitig zurück, um sich den letzten Teilnehmern anzuschließen. Verloren gehen kann übrigens keiner, denn Wolfgangs Ehefrau spielt den von der Tour de France bekannten Besenwagen und achtet darauf, dass niemand in der Gruppe das Gefühl hat, der Letzte zu sein.

In strammem Tempo geht es eine ganze Weile bergan. Ein bisschen komme ich mir vor wie beim Almauftrieb – die Gruppe ist doch recht groß. Gesprächsfetzen dringen an mein Ohr. Ein Paar unterhält sich über die geplante Indienreise. Na ja, jetzt sind sie doch erst mal im Rheingau und sollten selbigen genießen, statt in Gedanken an den Ganges zu reisen. Aber das geht mich eigentlich gar nichts an. Genauso wenig wie die Diskussion des Pubertiers mit seiner Mutter. Er beschwert sich, dass dies schon der dritte Sonntag in Folge sei, wo sie einen so dämlichen Ausflug machen, wo er doch viel lieber mit seinen Freunden am Computer *League of Legends* spielen würde. »Dann kämst du ja gar nicht mehr an die frische Luft und würdest dich überhaupt nicht mehr bewegen«, versucht der Vater, die Vorteile einer Outdoor-Exkursion hervorzuheben. »Für frische Luft kann ich auch das Fenster aufmachen«, erwidert der Filius gelangweilt.

Wir lassen die diskutierende Familie hinter uns und stoßen zum ersten Gruppendrittel vor. An einer schmalen Stelle staut es sich ein wenig. Dies gibt mir die Gelegenheit, den Rücken meines Vordermanns etwas genauer zu betrachten. Der leicht adipöse Mitfünfziger hat schwer zu kämpfen. Die Steigung macht ihm zu schaffen. Sein T-Shirt zieren große Schweißflecken. Erinnert mich an Tintenkleckse auf Papier. Vielleicht sollte ich mit der sich abzeichnenden Form den Rorschachtest machen? Könnte das ein Schmetterling sein? Oder eher zwei streitende Menschen? Nein, es ist ein Doppel-Whopper, da bin ich mir sicher. Was sagt mir das nun über meine Persönlichkeit? Ach, ich will's gar nicht wissen.

Etwa eine halbe Stunde nach Abmarsch machen wir unseren ersten Halt, und zwar im Ostein'schen Park, einem der frühesten romantischen Landschaftsparks in Deutschland. Wolfgang stellt sich auf eine Parkbank und erklärt die Entstehungsgeschichte: Ab 1764 hat Johann Friedrich Karl Maximilian von Ostein damit begonnen, die vor uns liegende bewaldete Berghöhe zu erschließen und ein Herrenhaus zu bauen. Später ließ er – als Vorläufer der Rheinromantik – weitere Bauten errichten, die in Bezug zur eindrucksvollen landschaftlichen Situation gesetzt wurden. Somit sind wir beim Thema »Romantik« angekommen. Unser Wanderführer erklärt, dass die Menschen in der Romantik die Natur erstmals nicht als etwas Bedrohliches wahrgenommen, sondern auch deren wohltuende Wirkung erkannt hätten. Zum Beleg zitiert er aus den Schriften von Clemens von Brentano, der von einem Ausflug wie folgt berichtet:

»Der Wechsel der Aussicht machte einen sehr wohlthätigen Eindruck auf mich, ich war mir hier als besserer Mensch zurückgegeben. Ich war dort mit unruhigem Gemüthe hinausgesegelt, und hier setzte mich das Meer geprüft und reich ans Land. Ich erkannte hier, wie viel Antheil der Mensch an der Natur hat, denn hier, wo alles näher an mich heran trat, sah ich in den eignen Busen, und fühlte, wie ich größer geworden war, seit wenigen Stunden.

Der Sonnenuntergang, zwischen den Felsen und Wäldern, war eine Zwischenrede der Natur in mein Leben, ich war entzückt, wie ein Heiliger, die Flammen und Gluten brachen sich so geisterisch, so tausendfaltig lebendig, gestaltlos und beweglich in der heftig und rauh grouppirten Wildniß, und das Rauschen des Rheins stieg so mächtig in der allgemeinen Stille, als höre ich das Sieden der flammenden Geister um mich her, die in einem geheimnisvollen feurigen Tanze sich gaukelnd über die dunkeln Wälder und Schluchten hinschleuderten. Ich sah mit einer mir noch unbekannten Ruhe zu, wie ein Licht nach dem andern dem Schatten wich, und fühlte, wie sich zugleich im Ebenmaße mein Gemüth veränderte.«

Das ist schwere Kost und ich habe nicht alles auf Anhieb verstanden. Hängen geblieben ist jedenfalls, dass Brentano durch die in der Natur verbrachten Stunden sein »unruhiges Gemüthe« beruhigen konnte. Und das ist es, was auch über 200 Jahre, nachdem Brentano das so schwülstig niedergeschrieben hat, heute noch wahr ist: In der Natur können wir zur Ruhe kommen, können uns als Teil eines viel größeren Ganzen fühlen, können uns unserer eigenen Nichtigkeit bewusst werden und vielleicht sogar so etwas wie Demut spüren. So banal diese Erkenntnis klingen mag, so sehr wurde mir in diesem Moment bewusst: Wir brauchen eigentlich keine Ayurveda-Massagen und Klangreisen, keine Floating-Becken und meditativen Bogenschießkurse, um gelassen zu werden, sondern einfach nur einen Waldspaziergang.

In der Natur können wir zur Ruhe kommen und uns als Teil eines größeren Ganzen fühlen.

Für mich hat sich ob dieser Einsicht schon jetzt die Fahrt in den Rheingau mehr als gelohnt. Ich schlage deshalb meiner Frau vor, umzukehren und eine urige Rheingauer Weinstube aufzusuchen. Mein Ersuchen wird mit den Worten abgeschmettert: »Immer denkst du nur ans Essen und Trinken. Jetzt laufen wir mal schön weiter zum Niederwald-Denkmal.«

Widerstand ist zwecklos und so marschiere ich mit der Herde weiter. Kenntnisreich und unterhaltsam erklärt Wolfgang an besagtem Denkmal die dahinterstehende Geschichte und führt uns dann zum unweit gelegenen Nachbau eines griechischen Tempels, von wo aus wir eine fantastische Aussicht ins Rheintal genießen. Mehr als das: Ein paar Schwestern der Abtei haben mitten im Tempel einen Tisch aufgestellt. Darauf: circa 100 Probiergläschen mit einem 2015er Riesling, wie uns Schwester Christophora anschließend erklärt. Wir stellen uns brav in einer Reihe an und bedienen uns. Das funktioniert erstaunlich gut, etwa wie an einer Verpflegungsstation beim Berliner Marathon.

Die Pause nutzen zahlreiche Teilnehmer zur Nahrungszufuhr. Jetzt ist es etwa 15:30 Uhr – zwei Stunden sind seit unserem Abmarsch vergangen. Klar, dass man da an akuter Unterzuckerung leidet. Tupperdosen klicken, Butterbrotpapiere rascheln und Apfelschnitze krachen. Dinkelkekse, Himbeeren, Salzstangen, Leberwurstbrötchen und Gummibärchen werden in Münder geschoben; Eistee, Cola, Holunderlimonade und Energydrinks rinnen abwechselnd mit dem ausgeschenkten Wein die Kehlen hinab.

Derweil knurrt mein Magen – wir haben nichts mitgenommen. Neidisch schiele ich zum jüngeren Sohn der einzigen mitwandernden Familie hinüber. Er schiebt sich gerade ein reichlich mit Gelbwurst belegtes Brot in den Rachen. Ich könnte mich ihm unauffällig nähern, dann spontan gen Himmel schauen, meinen Arm ausstrecken und »Boah ey« rufen – dies würde ihn ablenken und seinen Blick himmelswärts lenken. In genau diesem Moment könnte ich mir sein Gelbwurstbrot schnappen und mich hinter einer der Säulen des griechischen Tempels verstecken. Ich berichte meiner Frau von dieser Fantasie. Sie rollt mit den Augen und macht den Scheibenwischer.

Folglich muss ich hungrig den Rückweg antreten. Die wundervolle Landschaft lenkt mich glücklicherweise ab. Erst geht es ein Stück bergab, sodann beginnt ein stetiger Anstieg zurück zur Abtei. Davon hatte Wolfgang nichts gesagt. Der alte Fuchs – bewusst die Anstrengung der letzten Etappe verschwiegen, damit wir nicht im Vorhinein meutern. Der Einzige, dessen Stimmung sich signifikant verbessert, ist der ältere Sohn der mitwandernden Familie. In seinen Augen sehe ich das WLAN-Symbol aufblitzen wie einst die Dollarzeichen in Dagobert Ducks Gesicht.

Die Gespräche vor und hinter uns verstummen allmählich. Auch ich bin damit beschäftigt, meinen Atem zu kontrollieren und mit meiner Energie zu haushalten. Als mich ein Mitwandernder anspricht und von mir wissen will, was ich beruflich so mache, antworte ich deshalb, um jedwede anschließende Konversation zu unterbinden: »Kinderhandel und Schutzgelderpressung.« Meine Strategie geht auf: Weitere Fragen bleiben aus. So kann ich mich voll auf den Weg konzentrieren.

Nicht anders geht es Dackel Fritzchen. Ich befürchte, dass er gleich kollabiert. Zugegebenermaßen hat er mit seinen kurzen Beinen auch deutlich mehr zu leisten als wir Zweibeiner. Seine Zunge schleift über den Boden. Seine Besitzerin zieht ihn mehr, als dass er selbst läuft. An seiner Stelle würde ich mich jetzt auf den Bauch legen, alle viere von mir strecken und einen Kreislaufzusammenbruch simulieren. Frauchen würde ihn dann garantiert auf den Arm nehmen und nach oben tragen. Soll ich ihm mal den Vorschlag machen? Vielleicht bekäme ich dafür vom Bundeshundepräsidenten die Verdienstmedaille mit Lorbeerkranz?

Nur ein Paar hat offenbar noch Reserven. Sie diskutieren heftigst über den anstehenden Besuch der Mutter bzw. Schwiegermutter. Sie regt sich furchtbar darüber auf, dass diese geschlagene fünf Tage bleiben wird. Er wisse doch genau, wie anstrengend sie sei und dass sie schon nach einer Stunde genug habe von ihren ewigen Vorträgen zum Thema »Was eine gute Ehefrau für ihren Gatten machen muss«. Er müsse jetzt endlich mal Klartext reden. Offenbar hatte die Wanderung auf die beiden keine allzu beruhigende Wirkung. Anders bei mir. Als wir kurz vor 17 Uhr wieder an der Abtei eintreffen, bin ich zwar ziemlich ausgelaugt, aber auch um eine außerordentlich wichtige Einsicht reicher: Es gibt keinen besseren Ort, um Gelassenheit zu finden, als draußen – in Gottes herrlicher Natur.

Das Däfler-Test-Ergebnis

Fun-Faktor:	★★★★☆	Mal abgesehen vom letzten Anstieg, der schon schweißtreibend war, hat mir die geführte Wanderung viel Spaß gemacht, was auch an der tollen Aura von Wolfgang lag.
Kosten:	★★★★☆	Mit 10 Euro pro Person ein recht erschwingliches Vergnügen – obendrein gibt's ja noch einen Secco und einen Wein sowie eine profunde Führung.
Durchführbarkeit:	★★★★★	Im engeren Sinn müsste ich null Punkte vergeben, da dieses konkrete Angebot einmalig ist. Im weiteren Sinn jedoch gibt es die Maximalpunktzahl, denn Natur gibt es überall – und sei es nur der Stadtpark.
Zeitbedarf:	★★☆☆☆	Die Wanderung selbst und die Anfahrt haben einen halben Tag in Anspruch genommen, also doch recht viel Zeit.
Eignung:	★★★★☆	Außer körperlich völlig untrainierten oder mobilitätseingeschränkten Menschen kann das jeder machen. Sogar Pubertiere schaffen das!
Nachhaltigkeit:	★★★★☆	Hmm, schwierig zu beurteilen. Sicherlich war tags darauf – ein ganz normaler Horrormontag – schon wieder viel der Entspannung verflogen. Allerdings können wir ja fast immer raus in die Natur gehen und das Erlebnis auffrischen ...
Ergebnis	23 von 30 ★	

TEST 9

Fliegenfischen – das Glück an der Angel

Ich muss echt bekloppt sein! Da stehe ich also an einem Sonntagmorgen im April um 6 Uhr in einem Seitenarm des Mains in einer schwarzen Anglerhose, die mir bis zur Brust reicht. Nicht nur, dass ich darin aussehe wie ein viel zu groß geratenes, genmutiertes Teletubby. Ich bin zudem gerade dabei, mir beide Füße abzufrieren. Marcus hat meine Frau und mich um 5:30 Uhr von zu Hause abgeholt und uns auf dem Weg verraten, worin der besondere Reiz bestehe: ein paar Stunden lang absolute Ruhe. Für ihn sei das die perfekte Methode zum Entspannen und Krafttanken. Tja, jeder hat halt sein eigenes Rezept, um gelassen zu werden.

Aber schön der Reihe nach. Ich wäre nie auf die Idee gekommen, mich mal im Fliegenfischen zu versuchen, wäre dies nicht die große Leidenschaft meines langjährigen und hochgeschätzten Freundes Marcus, der über seinen Vater zu diesem nicht ganz alltäglichen Hobby fand. An besagtem Abend, als die Idee für dieses Buch geboren wurde, hat er mich eingeladen, ihn zu begleiten. Das Einzige, was ich dafür brauche, sei eine Anglerhose. Höchste Zeit für mich, dieses Utensil zu besorgen. Auf Amazon durchforste ich das diesbezügliche Angebot – letztlich entscheide ich mich für die »Wathose Größe 40-46 #408«. Kostet nur 11,38 Euro. Ziemlich günstig. Mag vielleicht daran liegen, dass das Teil im Ausland hergestellt wird. Auch die Artikelbeschreibung scheint von einem Nicht-Muttersprachler verfasst zu sein: »Fabrisch neu. Elastisch und wiederstandsfähig. Solide Gumistifel mit Antirutsch-Sole.«

Ich bin nicht ganz sicher, was sich hinter »fabrisch neu« verbirgt (hat das was mit »Farbe« zu tun oder meint der Verkäufer »fabrikneu«?), aber dennoch bestelle ich das Teil, in der Hoffnung, dass die

Anzahl der Rechtschreibfehler in diesem kurzen Text nicht mit der Qualität der Hose selbst korreliert. Als die Lieferung eintrifft, packe ich den Karton sofort aus und probiere das Teil an. Ein Gummifetischist würde sich darin pudelwohl fühlen. Ich aber nicht. Denn das Material stinkt eklig. Wahrscheinlich vertreibe ich mit dem Gestank alles Lebende im Umkreis von zwei Kilometern – so werden wir bestimmt keine Fische fangen.

Ich hänge die Hose zum Lüften auf den Balkon. Bis zum vereinbarten Angeltermin sind es noch zwei Wochen; dann wird sie hoffentlich nicht mehr so penetrant riechen. Derweil mache ich mich im Internet schlau und informiere mich über diese besondere Art des Angelns. Ich erfahre zunächst, dass sich das Flugangeln (wie Fliegenfischen auch bezeichnet wird) von anderen Methoden vor allem dadurch unterscheidet, dass der Köder – Fliege genannt – zum Werfen zu leicht ist. Daher wird eine besonders schwere Schnur als Wurfgewicht verwendet. Dies wiederum hat zur Folge, dass eine spezielle Wurftechnik und spezielles Angelgerät zum Einsatz kommen.

Der Fliegenfischer imitiert mit seinen Ködern die natürlichen Beutetiere von Fischen, also etwa Flug-, Land- und Wasserinsekten. Auch bunte Reizfliegen ohne ein reales Vorbild werden oft eingesetzt. Hergestellt werden die Köder aus allen möglichen Materialien. Felle werden ebenso verwendet wie Vogelfedern oder Kunststoff. Das Binden dieser Fliegen ist in ehrenwerten Fliegenfischerkreisen offenbar selbstverständlich eine Sache, die man selbst erledigt und nicht etwa delegiert. Und kaufen würde sich ein wahrer Fliegenfischer seine Köder niemals, lese ich. Mitunter hätten Fliegenfischer das Fliegenbinden zu ihrem Beruf gemacht. Ich stelle mir vor, wie so ein Fliegenbinder auf einer Party rumsteht und von einem Fremden angesprochen wird, was er denn beruflich so mache. »Ich binde Fliegen.« Mit dieser Antwort schießt du dich unmittelbar in die Kategorie »Durchgeknallter Psycho« und darfst weiter mit deinem Craft-Bier allein in der Ecke stehen. Na ja, nicht mein Problem.

Ich lese weiter. Zum Thema »Wurftechnik« heißt es wörtlich: »Verglichen mit einem Zifferblatt wird der Rückwurf bei ca. 1 Uhr gestoppt […] und der abschließende Vorwurf erfolgt zwischen 10 und 11 Uhr. Danach wird die Rute langsam auf 9 Uhr abgesenkt. Dabei ist es unbedingt erforderlich, ausreichend Widerstand zu ge-

ben, damit sich die Schnur komplett ausrollen und die Fliege somit zielgerecht platziert werden kann.« Von was sprechen die da? Ich habe nicht den Hauch einer Ahnung, was das bedeutet. Erst recht kapiere ich nicht den Abschnitt über die verschiedenen Schnüre, die es in unterschiedlichen Querschnittsverläufen gibt. So seien »TT-Taper-Schnüre« extrem gut für Rollwürfe im nahen und mittleren Bereich geeignet. Aha. Gut zu wissen. Vielleicht drückt man sich in den entsprechenden Foren verständlicher aus? Nein, tut man nicht. Kleine Kostprobe gefällig? Hier ist eine: »Karsten K. hat eine weitere Schritt-für-Schritt-Bindeanleitung erstellt, diesmal binden wir einen Kaninchenfell-Zonker. Dieses Muster ist eine seiner Lieblingsfliegen und ein Garant auf Barsche und größere Forellen, als fängige Farben werden von ihm Rot, Grün / Chartreuse, Gelb, Schwarz und Blau empfohlen. Der Streamer fängt im Fluss und im Stillwasser gleichermaßen gut.« Hmm, was sagt mir das jetzt?

Mir reicht's. Ich glaube, ich würde mehr verstehen, wenn ich den spätmittelalterlichen Choral *Misal po zakonu rimskoga dvora* im altslawischen Original lesen würde. Ich beschließe, meine Recherchen damit zu beenden. Alles, was wichtig ist, wird uns Marcus dann schon mit einfachen Worten erklären.

»Na, ausgeschlafen?,« begrüßt uns Marcus, als ob er gerade zuvor eine hochdosierte Red-Bull-Infusion verabreicht bekommen hätte.

»Geht so«, brumme ich. »Hätten wir das nicht auch um 11 Uhr machen können?«

»Nö«, meint Marcus immer noch bestens gelaunt, »da sind die Fische nicht mehr aktiv. Außerdem ist's frühmorgens so herrlich ruhig.«

»Das war's bei mir im Bett auch«, entgegne ich.

Marcus lässt sich von meiner miesepetrigen Stimmung nicht anstecken und kutschiert uns etwa eine halbe Stunde lang bis zu einem kleinen Örtchen vor Miltenberg. Dort parken wir an einem Feldweg. Die ganze Fahrt über hat es geregnet und meine Laune noch weiter in den Keller geschickt. Warum habe ich mich nur zu diesem Projekt entschlossen? Wie zur Strafe für meine gereizte Stimmung hat sich Petrus entschlossen, die von ihm erdenwärts geschickte Wassermenge nochmals zu erhöhen. Nun, wenigstens werde ich nicht von unten nass, denn meine Wathose #408 erweist sich tatsächlich als wasserdicht.

»Du siehst ja so was von bekloppt aus, wie ein aufgeblasenes Teletubby. Dir fehlen nur noch die Antennen auf dem Kopf«, amüsiert sich meine Frau.

»Haha – den Gedanken hatte ich schon, als ich die Hose daheim anprobiert habe. Das ist nicht witzig«, blaffe ich zurück.

Doch weder Frau Gemahlin noch Marcus lassen sich von meiner granteligen Art anstecken. Fröhlich plaudernd laufen die beiden vorneweg in Richtung Fluss, während ich hinterhertrotte. Das ist in dieser stinkenden, unförmigen Hose gar nicht so einfach.

Auf einer Wiese, 50 Meter vom Main entfernt, machen wir Stopp. Marcus setzt sich eine Sicherheitsbrille aus dem Baumarkt auf. Spätestens jetzt wirkt er auf mich wie die durchgeknallte unterfränkische Antwort auf Indiana Jones: Tarnhosen, beigefarbene Weste mit 263 Taschen und Ösen, an denen allerhand Gadgets hängen, umgedrehte Schildkappe auf dem Kopf und einen wilden Sechstagebart im Gesicht. Letzteres drückt maximale Entschlossenheit aus, uns nun zu echten Fliegenfischern zu machen. Er erklärt, was er mit uns vorhat: »Zunächst zeige ich euch mal die Fliegen, die ich vorbereitet habe, und was sich damit fangen lässt. Dann üben wir das Werfen, und zum Schluss gibt's die Verhaltensregeln, wenn wir im Wasser sind.«

Aus einer seiner zahllosen Taschen zaubert er eine Art Tupperdose hervor, wie ich sie in Kindergartentagen hatte. Darin befindet sich jedoch kein Mettwurstbrot, sondern eine säuberlich sortierte Sammlung seiner eigenhändig gebundenen Fliegen. In unterschiedlichsten Farben und Formen harren insgesamt wohl knapp 50 dieser Köder auf ihre Verwendung. Das Binden der Fliegen sei eine ziemlich diffizile Angelegenheit. Pro Exemplar brauche er durchschnittlich eine halbe Stunde. Es könne auch mal länger dauern. Dabei müsse man sich sehr konzentrieren. Für ihn sei das wie eine Meditation. Für mich wäre genau das Gegenteil der Fall. Wenn ich mir vorstelle, ich müsste eine Fliege aus Dutzenden von Materialien in Originalgröße zusammenbauen – ich glaube, ich würde wahrscheinlich schon nach 30 Sekunden vor Verzweiflung anfangen zu schreien und mir die Teile im Internet bestellen.

Nachdem wir über die diversen Köder und deren Einsatzmöglichkeiten hinreichend informiert sind, beginnt der praktische Teil. Marcus hat zwei Angeln mitgebracht, jede etwa 2,50 Meter lang und ziemlich leicht. Am Ende der Schnur – welche als »Vorfach« bezeichnet wird und mit der eigentlichen Flugschnur verbunden ist – wird die Fliege angebunden. Das ist wie das Einfädeln eines Fadens durch ein Nadelloch. Man sollte also besser nicht weitsichtig sein, wenn man diesem Hobby nachgeht.

»Auuuuu«, schreie ich plötzlich.

Marcus lacht lauthals: »Ach so, das hatte ich vergessen zu erwähnen. Seid vorsichtig beim Einfädeln, denn die Fliege hängt natürlich an einem Haken. Und der ist sauscharf.«

»Danke, das habe ich auch gerade gemerkt.«

»Noch was: Passt bitte verdammt gut auf, wenn ihr die Angel auswerft. Wenn der Haken das Gesicht trifft, kann das ziemlich wehtun. Deshalb habe ich auch immer die Sicherheitsbrille auf.«

Aha, darum hat er sich vorhin dieses dämliche Teil aufgesetzt. Hätte ich mir vielleicht auch noch besorgen sollen? Na ja, wird schon nichts passieren.

Zuerst übt meine Frau das Auswerfen. Dazu muss man die Angel einige Male hin und her schwingen, um sie dann elegant in die Richtung zu bewegen, in der man einen Fisch vermutet. Madame

Däfler stellt sich sehr geschickt an und wird dafür überschwänglich von Marcus gelobt.

»Mal halblang, so schwer ist das doch nicht. Gib mal her.«

Da war ich wohl ein bisschen vorlaut. So einfach, wie es aussieht, ist es nämlich nicht.

»Das ist keine Peitsche, Martin«, ermahnt mich Marcus und zeigt mir nochmals, wie die Bewegung richtig auszusehen hat.

Meine Frau steht grinsend daneben. Ich funkele sie böse an und übe weiter, bis Marcus einigermaßen mit meiner Leistung zufrieden ist. Später dürfen wir allerdings nicht die Originalköder mit Haken nutzen, denn wir haben keinen Angelschein und müssen uns deshalb mit einem hakenlosen Köder zufriedengeben, den Marcus eigens für uns hergestellt hat.

»Können wir jetzt endlich los?«

»Nur Geduld, Martin. Ich will euch noch die Verhaltensregeln erläutern.« Puh, der nimmt das aber auch ernst. Jedenfalls erfahren wir, dass wir ruhig und bedacht im Wasser laufen und maximal bis zur Kniehöhe in den Fluss waten sollten. Sprechen dürfen wir zwar, weil die Fische unter Wasser ja nichts hören, aber da man sich beim Reden automatisch auch immer ein bisschen bewegt, sei es sinnvoll, die Klappe zu halten. Eine letzte Warnung spricht der unterfränkische Indiana Jones aus: »Beobachtet immer den Fluss. Wenn so ein Binnenschiff vorbeifährt, dann zieht sich das Wasser ganz schnell zurück und kommt kurz darauf als große Welle zurück. Wenn ihr da nicht aufpasst, liegt ihr ganz schnell da oder das Wasser schwappt euch oben in die Hose rein.«

Kein schöner Gedanke, zumal ich jetzt schon infolge des noch immer andauernden Regens patschnass bin. Meine Laune ist inzwischen auf dem absoluten Nullpunkt angelangt. Wenn mich meine Frau jetzt noch mal »Angel-Teletubby« nennt, schubse ich sie in den Main.

Marcus geht als Erster ins Wasser. Wobei »gehen« der falsche Begriff ist. Er taucht förmlich ein und gleitet elegant durch das braune Nass. Ganz so grazil bin ich nicht, aber immerhin bekomme ich es einigermaßen hin, nicht auszurutschen. Wie beschreibt man das Gefühl, kniehoch in einer Wathose in zwölf Grad kaltem Wasser zu stehen? Fühlt sich an, als würde ich mich in einem riesigen Bottich aus gekühlter Götterspeise befinden. Es gibt Angenehmeres.

Nachdem meine Füße wenige Minuten später kältebedingt abgefroren sind und keine Schmerzsignale mehr an meinen präfrontalen Cortex weiterleiten, geht es mir besser. Als kurz darauf der Regen aufhört (Petrus macht wohl Frühstückspause) und eine Wildgans vorüberfliegt, bin ich erstmals an diesem Morgen wieder gut gelaunt. Ich beginne, die Umgebung achtsam wahrzunehmen. Erst jetzt fällt mir das vielstimmige Vogelkonzert auf. Und erst jetzt erkenne ich an den Hängen des gegenüberliegenden Ufers Weinreben, während im Hintergrund der Raps in einem fast unnatürlichen Neongelb leuchtet, so wie man es eigentlich nur von der Mode aus den 1980er-Jahren kennt. Derweil treibt eine Entenfamilie in einiger Entfernung vorbei und hoch oben in den Bäumen beobachtet ein Eisvogelpärchen gelangweilt das Geschehen. Herrlich, diese Ruhe! Und der Geruch – eine Melange aus nassem Gras von den umliegenden Wiesen, leichtem, nicht unangenehmen erdigen Odeur aus dem Schilf und der frisch-faulig-fischigen Mischung, die der Main ausatmet.

Mit der Zeit stellt sich eine innere Ruhe ein, unabhängig vom Angelerfolg.

Je länger ich so da in den Fluten stehe und die Umgebung betrachte, desto zufriedener werde ich und desto mehr stellt sich eine innere Ruhe ein, die erstaunlicherweise die nächste Stunde Bestand hat, in der wir uns immer wieder im Angelauswerfen üben. Dies jedoch mit maximalem Misserfolg. Nicht einmal eine alte Konservendose geht uns an den Haken. Wie gut, dass ich für das Abendessen vorsorglich zwei Packungen Maultaschen besorgt habe.

Gegen 10:30 Uhr macht Marcus den Vorschlag, die Bemühungen einzustellen. Wenn bis jetzt noch nichts angebissen habe, würde das auch später nichts mehr. Er schlägt vor, dass wir uns zur Nachbesprechung in einen nahegelegenen Biergarten begeben. Eine fantastische Idee, die sofort meine Zustimmung findet!

Das Däfler-Test-Ergebnis

Fun-Faktor:	★★★☆☆	Nun ja, wenn man auf Gummi steht und eiskalte Füße als stimulierend empfindet, dann müsste es hier volle Punktzahl geben. Was mir ernsthaft viel Spaß gemacht hat, waren die unglaubliche Ruhe und das Einssein mit der Natur.
Kosten:	★★★☆☆	Die Angelkarte selbst kostet einen zweistelligen Betrag für die Saison und ist dann nur in einem bestimmten Abschnitt gültig. Teurer sind da die Ausrüstung und der Besuch eines mehrmonatigen Kurses, um den Angelschein zu erlangen. Alles in allem nicht günstig, aber auch nicht unbezahlbar.
Durchführbarkeit:	★★☆☆☆	Geht nicht an allen Flüssen und auch nicht zu jeder Jahreszeit – es gibt also schon ein paar Einschränkungen. Vollblut-Fliegenfischer fahren schon mal mehrere Stunden, um an ihr Ziel zu gelangen.
Zeitbedarf:	★★☆☆☆	Mal eben schnell Fliegenfischen gehen funktioniert nicht. Allein die Vorbereitungen (das Fliegenbinden) nehmen viel Zeit in Anspruch, ebenso das Aufräumen und Säubern der Utensilien. Dann kommt noch ortsabhängig die Anfahrt dazu. Insgesamt gehen schnell fünf bis sechs Stunden drauf.
Eignung:	★★★★☆	Ins Schwitzen sind wir nicht gekommen – ist definitiv kein Hochleistungssport und damit für so ziemlich jedermann geeignet, der seine Gliedmaßen noch bewegen kann.

Nachhaltigkeit:	★ ★ ★ ★ ☆	Ganz ehrlich: Das Hobby an sich wäre nichts für mich, aber die Tatsache, dass man sich in der Natur aufhält, hat was absolut Beruhigendes, von dem man noch tagelang zehren kann. Während man da so im Fluss steht, entwickelt man einen Blick für die kleinen, unscheinbaren Dinge und hat Zeit zum Nachdenken.
Ergebnis	18 von 30 ★	

TEST 10

Mandala-Malkurs – den grauen Alltag bunt machen

Ausmalbücher für Erwachsene sind derzeit ja so was von trendy – genauso wie Ringelshirts, Wet-Look-Frisuren, Craft-Bier und probiotischer Wasserkefir. In Cafés sieht man mündige, erwachsene Frauen vor Malbüchern mit Zauberwald- und Käfermotiven selbstvergessen Buntstifte schwingen. Klar, dass diese Entspannungstechnik auch auf meine Liste kommt. Aber: Wo anfangen, wenn man sich mit etwas gar nicht auskennt? Natürlich recherchiere ich zunächst im Internet.

»Durch Farben und Formen kann sich ausdrücken, was sich oft nicht in Worte fassen lässt.« Dies lese ich auf der Website einer Malerin aus München, die Kurse in ihrem Atelier anbietet. Und weiter: »Beim Malen und Gestalten eines Mandalas können wir auf freudvolle Weise innere Ordnung schaffen. Vor allem in hektischen oder konflikthaften Zeiten unterstützt uns Mandalamalen, unsere Seelenebene zu berühren und in eine tiefe, ruhige Stimmung zu kommen.« Bingo! Das muss ich ausprobieren. Doch extra deswegen nach München fahren? Das ist mir dann doch zu aufwendig. Ich suche erneut im Netz und werde fündig: Für 39,40 Euro kann ich einen Onlinekurs absolvieren – den buche ich!

Doch bei näherer Betrachtung stellt sich das Angebot als Nepp heraus: Es handelt sich um ein paar sehr kurze Video-Tutorials. Noch dazu hätte ich einen fast dreistelligen Betrag für Malutensilien ausgeben müssen, das ist mir zu teuer. So durchpflüge ich abermals die endlosen Weiten des WWW und bekomme fast nur Anzeigen von Verlagen zu sehen. Amazon listet beim Suchbegriff »Ausmalbücher für Erwachsene« respektable 944 Ergebnisse auf, darunter Titel wie *FUCK – Das ultimative Fluch- und Schimpfmalbuch für Erwachsene, Malbuch für Erwachsene: Traumhafte Blumensträuße zum Ausmalen, Entspannen & Ruhen* oder *Indische Inspirationen: 70 Ausmalbilder zum Entspannen. Ausmalbuch für Erwachsene.*

Also, dann werde ich keinen Mandala-Malkurs machen, sondern mir so ein Ausmalbuch besorgen. Getreu dem Motto »Lass den Klick in deiner Stadt« tue ich dies jedoch nicht digital, sondern gehe zum Buchhändler meines Vertrauens. Natürlich hat man dort längst die Zeichen der Zeit erkannt und bietet ein umfassendes Angebot an Ausmalbüchern an. Als ich gerade dabei bin, mir die einzelnen Werke näher anzuschauen, kommt eine Dame von hinten auf mich zu und flüstert mir lasziv ins Ohr: »Das kriegen Sie im Internet umsonst.« Ihre Augen wirken dabei seltsam verklärt-lüstern; ihr hüftlanges graues Haar, die Bastsandalen, eine auffällige Holzkette sowie das orange, ponchoähnliche Oberteil lassen mich befürchten, dass ich es hier mit einer hormonell übersteuerten Bhagwananhängerin jenseits der Menopause zu tun habe. Ob sie mich gleich zur Tantramassage einlädt? Ich bekomme Gänsehaut.

»Ach ja«, antworte ich knapp. »Haben Sie einen Stift dabei?«, will sie von mir wissen. Sicherlich will sie jetzt meine Handynummer notieren und wird mich fortan stalken. Bevor ich antworten kann, fällt ihr ein, dass sie ja selbst etwas zu schreiben dabeihat. Sie kritzelt etwas auf die Innenseite eines Streichholzbriefchens und legt mir selbiges in die Hand. Als sie ihre wieder zurückzieht, streicht sie mir sanft über die ganze Länge meiner Finger. Ich habe das Bedürfnis, laut zu schreien, unterdrücke das aber mit letzter Kraft. Vorsichtig öffne ich das Zündholzbriefchen und entdecke darin zu meiner großen Erleichterung tatsächlich eine Internetadresse. Ich drehe mich auf der Stelle um und gehe Richtung Ausgang, um möglichst rasch aus ihrem Blickfeld zu entkommen. Weil ich meinen Lieblingsbuchhändler nicht hintergehen will, schnappe ich mir noch schnell aus dem nächstbesten Regal das am einfachsten zu greifende Buch und eile zur Kasse. Dort sehe ich, was ich da gezogen habe: einen Reiseführer *Uganda/Ruanda*. Na ja, vielleicht war dies ein Wink des Schicksals und ich sollte mal ins Herz Afrikas fahren?

Zu Hause gebe ich die mir empfohlene Internetadresse ein und bekomme dies hier zu lesen: »Mandalas ausmalen bedeutet, sich

einer Sache mit voller Aufmerksamkeit zu widmen. Die spirituelle Kreisform hilft dabei, sich vom Alltagsgeschehen abzulenken und den Stress für eine Weile abzustellen. Für Erwachsene bieten wir anspruchsvolle Mandala-Vorlagen an, die Entspannung und Ruhe ermöglichen. Um die ausgleichende Wirkung der magischen Mandalas positiv auf sich wirken zu lassen, sollte eine meditative Stimmung zugelassen werden. Wer es ausprobieren möchte, kann sich unsere Vorlagen als gratis Download herunterladen und ausdrucken.«

Weiterhin erfahre ich, dass die Konzentration auf das Motiv sowie das ruhig-gleichförmige Ausmalen die Aufmerksamkeit auf sich ziehen und von Alltagsgedanken befreien würde. Na denn! In der Rubrik »Vorlagen« gibt es circa 20 weitere Unterkategorien. Ich kann wählen zwischen Dinosauriern, Feen bzw. Elfen, Eisenbahn, Cowboy und Indianer oder Ritter. Wie das wohl an der Hochschule ankäme, wenn ich vor Vorlesungsbeginn vorn am Pult säße und ein Bild mit einem martialisch dreinblickenden Ritter Lanzelot in seiner Rüstung kolorieren würde? Würde man mir die Lehrbefähigung entziehen? Mich zum Amtsarzt schicken? Einen Alkohol- und Drogentest veranlassen? Oder wäre genau das Gegenteil der Fall und der Leiter des Hochschulzentrums würde mir ein Fleißbienchen aufs

Heft stempeln, eventuell gar einen Pferdeaufkleber schenken? Ich sollte das mal ausprobieren.

Zurück zur Realität: Im Genre »Besondere Mandalas – Entspannungsmandalas« werde ich fündig. Ich drucke mir fünf verschiedene Motive aus. Das hätte ich also schon mal. Doch welche Stifte soll ich nehmen? Außer farbigen Textmarkern besitze ich keinerlei bunte Schreibgeräte. Da fällt mir ein: Für den Fall, dass Besuch mit kleineren Kindern kommt, halten wir eine Art »Schatztruhe« mit verschiedenen zur Ablenkung geeigneten Utensilien parat. Schließlich sollen sich die Großen auch mal allein unterhalten dürfen, ohne vom Nachwuchs permanent genervt zu werden und ohne dass man Knebel sowie Kabelbinder einsetzen muss (wobei dies auch keine dumme Idee ist). In dieser Schatztruhe jedenfalls müsste sich ein schon reichlich be- und verschmiertes Topmodel-Malbuch nebst zugehörigen Stiften befinden. So ist es tatsächlich. Es handelt sich zwar um ziemlich hässliche Mädchenfarben, kreischende, fast neonfarbige Töne, aber mit meinem Mandala muss ich ja keinen Kunstwettbewerb gewinnen.

Die Malvorlagen sind gedruckt, die Stifte gefunden und gespitzt, ein Radiergummi bereitgelegt – es kann also losgehen. Das Einzige, was noch fehlt: für eine meditative Atmosphäre sorgen. Ich gieße mir ein Glas Sauvignon blanc ein. Dies ist meine Art zu meditieren. Nachdem auch dieses organisiert ist, setze ich mich an den Tisch unserer Dachterrasse (es ist ein sonniger Frühlingstag) und betrachte das noch jungfräuliche Blatt. Tja, wo soll ich anfangen? Welche Farbkombination soll ich wählen? Ein erster, tiefer Schluck Weißwein. Ahhhh. Gut. Waren nicht alle großen Künstler Alkoholiker? Sollte ich mir besser erst mal die Flasche Vino komplett reinschütten und mich dann ans Werk machen? Nach dem zweiten Schluck beschließe ich, die äußeren, rhombenförmigen Felder in Quietschgelb zu gestalten. Zunehmend komme ich mir vor wie ein Drittklässler, dem Fräulein Schneider zur Buße für ungezügeltes Schwätzen während des Unterrichts eine Strafarbeit aufgetragen hat. Oder wie seinerzeit im Kindergarten, als ich vorgefertigte Bögen zur Übung der Feinmotorik ausmalen sollte. Zumindest kurz leuchtet so etwas wie Glück auf, als das letzte äußere Feld in Neongelb erstrahlt. Dritter Schluck Wein zur Belohnung.

Ich arbeite mich von außen nach innen vor – so sind nun die

angrenzenden Rauten farbig zu hinterlegen. Erneute Sinnkrise, weil ich mich nicht für eine Farbe entscheiden kann. Vierter und fünfter Schluck. Signalrot! Der Stift fliegt schon etwas leichter übers Papier. Während ich stupide Feld um Feld fülle, entwickele ich diese Theorie: Ausmalbücher für Erwachsene haben deshalb einen so großen Erfolg, weil man sich dann fühlt wie ein Kind. Beliebte Strategie auch bei Firmen. Bei Google und anderen hippen Unternehmen sind die Büros ja eingerichtet wie Kindergärten – mit Schaukeln und Bällebad.

Sind Ausmalbücher für Erwachsene erfolgreich, weil man sich dann fühlt wie ein Kind?

Könnte aber auch sein, dass es einfach die durch das Ausmalen hervorgerufene, unbewusste Erinnerung an die Kindheit ist, die eine beruhigende Wirkung hat und somit den Ausmalbüchern zur Popularität verholfen hat. Genau als ich dies denke, male ich über die Linie hinaus. Mist! Das ärgert mich. Jetzt sieht's schon nicht mehr schön aus. Als Kind hätte mich das nicht gestört. Ist eben doch was anderes, ob man als 9-Jähriger oder als 48-Jähriger in Ausmalbildern kritzelt. These verworfen. Sechster Schluck.

Nächste Vermutung, als ich die Kreise mit einem türkisähnlichen Ton verziere: Durch das konzentrierte Ausmalen lenkt man sich ab und kommt nicht dazu, sich mit seinen Alltagssorgen zu beschäftigen. So ähnlich stand es ja auf der Internetseite mit den Malvorlagen. Warum jedoch entwickele ich während des Ausmalens Theorien über die Wirkungen des Ausmalens? Das passt doch nicht zusammen. Ich sollte mich im Flow befinden und an nichts anderes denken als an das vor mir liegende Mandala. Ist aber nicht der Fall. Siebter Schluck.

Die Sonne hat Anfang Mai schon richtig viel Power. Ich merke, wie mein Schädel glüht. Oder ist es deshalb, weil ich die ganze Zeit so verspannt dasitze und mich bemühe, die Flächen gleichmäßig und nur bis zum Rand zu färben? Egal, dies ist ein wissenschaftliches Vorhaben, ein ultimativer Selbsttest, der gnadenlose Strenge gegenüber sich selbst erfordert. Achter Schluck und weiter.

Für die Quadrate wähle ich Lavendel. Nicht einmal die Hälfte ist geschafft! Wenn ich in dem Tempo weitermache, bin ich erst um

Mitternacht fertig. Also wird nun nicht mehr so ganz genau auf die Linien geachtet. Wobei: Könnte nicht dies das Erfolgsgeheimnis der Ausmalbücher sein: dass man sich – von der enervierenden Farbwahl mal abgesehen – keine Gedanken machen muss, was zu tun ist? Kein Druck, keine Sorge, die »falsche« Entscheidung zu treffen. Dass die klar vorgegebenen Formen und Flächen so etwas wie Sicherheit in dieser gar so unsicheren Welt vermitteln? Eine Welt, in der allein die Wahl der »richtigen« Zahnpasta im Drogeriemarkt Stunden in Anspruch nehmen kann, weil das Angebot so riesig ist und einen dementsprechend verunsichert doch wieder zur angestammten, vertrauten Marke greifen lässt. Könnte sein, allerdings verspüre ich augenblicklich kein Gefühl von Sicherheit, sondern von Druck in der Blase. Muss der Wein sein …

Nach einem Abstecher zur Toilette habe ich keine Lust mehr auf den Ausmalscheiß. Ich beschließe, lieber mal im Internet zu schauen, welche Erfahrungen andere Menschen mit dem Ausmalen so gemacht haben, nachdem ich niemanden in meinem Bekanntenkreis habe, der dieser Leidenschaft frönt und den ich fragen könnte. Also blicke ich mich in verschiedenen Foren um. Mein Gott, was die Leute da so alles posten und hochladen. Natürlich werden die eigenen »Kunstwerke« auch zur Schau gestellt und dann von anderen Mitgliedern kommentiert, so wie etwa von dieser Nutzerin: »Speziell nochmal zum Oktopus: Das Motiv selber gefällt mir nicht so gut wie der Fisch, aber das ist ja Geschmackssache, allerdings finde ich, dass man sieht, dass du beim Colorieren schon zu den Fortgeschrittenen gehörst. Alleine schon, weil du verschiedene Medien in einem Bild ausprobierst und es dir auch gelingt, dass diese gut miteinander harmonieren. Besonders gelungen finde ich auch den Hintergrund, es sieht sehr schön ›wässrig‹ aus, und es ist ja auch tatsächlich nicht ganz so einfach, mit Pastellkreiden einen gleichmäßigen Auftrag hinzubekommen. Wenn du auch am Zeichnen als Handwerk und technischer Fertigkeit interessiert bist, könnte ich mir vorstellen, dass dir die Malbücher bald zu langweilig werden und du dann eine größere Herausforderung im Zeichnen brauchst ------- Sorry, Leute, die halbe Kunstlehrerin geht offenbar mal wieder mit mir durch.«

Sie sollte sich mal beim Feuilleton der F.A.Z. bewerben – so fundiert, wie sie da den Oktopus beurteilt.

Eine andere Nutzerin weiß zu berichten: »Diese Bilder auszumalen kenne ich aus der Pädagogik. Ich kenne da einige psychisch Kranke, die dies zur Beruhigung und Entspannung machen. Eine sehr, sehr, sehr gute Freundin von mir malt dort auch sehr, sehr gerne.«

Na, das ist ja sehr, sehr, sehr toll, dass ihre Freundin das so gerne tut. Vielleicht ist sie ja auch psychisch krank? Eventuell haben alle einen Lattenschuss, die sich stundenlang stupiden Ausmalbüchern hingeben?

Das nächste Mitglied plagen hingegen ganz andere Probleme: »Ne, leider bin ich mit der Katze nicht weitergekommen, konnte noch keine Zeit dafür freischaufeln, aber im Kopf nimmt sie Formen an. Also der Hintergrund beim Schmetterling ist mit Pastellkreide gestaltet, die hatte ich mir ausgeliehen, habe aber festgestellt, das ist nix für mich wegen dem Kratzgeräusch, hatte die ganze Zeit eine Gänsehaut. Dafür hab ich mir am Wochenende mal Pastellkreide mit Ölfarbengehalt angesehen, das ist besser, na ja, mal sehen, laufen ja nicht weg.«

Gänsehaut beim Ausmalen! Genau das ist es, was ich auch hatte. Genau genommen zweimal: in der Buchhandlung und in einem übertragenen Sinn jetzt beim Selbstversuch. Sorry, nichts für mich. Neunter Schluck. Huch, die Flasche ist ja leer.

Das Däfler-Test-Ergebnis

Fun-Faktor:	☆☆☆☆☆	Ne, beim besten Willen: Das hat mir null Spaß gemacht.
Kosten:	★★★★☆	Wenn man – wie ich – zu kostenlosen Druckvorlagen aus dem Internet greift und vorhandene Stifte nutzt, ist das eine sehr billige Methode. Wer allerdings Bücher und Profi-Stifte kauft, ist schnell einen Zwanziger los.

Durchführbarkeit:	★★★★☆	Mandalas oder Ausmalbücher kann man so ziemlich überall bemalen, sogar auf dem Klo bei Verrichtung anderer Tätigkeiten. Man benötigt lediglich eine feste Unterlage und gutes Licht.
Zeitbedarf:	★★★☆☆	Da ist man natürlich völlig frei, weil man jederzeit unterbrechen kann. Möchte man ein mittelmäßig komplexes Mandala halbwegs sorgfältig ausmalen, braucht man aber schon mindestens eine bis eineinhalb Stunden dafür.
Eignung:	★★★★☆	Vom Vorschul- bis ins hohe Alter für jeden geeignet, außer man ist blind oder leidet unter Parkinson.
Nachhaltigkeit:	☆☆☆☆☆	Fehlanzeige. Mich hat das Kolorieren selbst schon nervös gemacht – insofern hat sich bei mir keinerlei beruhigende Wirkung eingestellt, erst recht nicht langfristig.
Ergebnis	15 von 30 ★	

TEST 11

Floating – schwerelos auf Höhe 0

Heute heißt's »Pack die Badehose ein«! Im Internet bin ich auf ein »Schwebebad« im Taunus aufmerksam geworden. Das Angebot klang vielversprechend: »Ihnen stehen drei Themen-Floatingräume zur Verfügung, in denen Sie ein gesundes Reizklima genießen und schwerelos dem Alltagsstress entfliehen können.« Ganz zeitgemäß lässt sich ein Wunschtermin über das Internet reservieren. Genau dies habe ich getan und so stehe ich nun mit meinem Rucksack an der Empfangstheke. Ein freundlicher Mann Anfang 30 kassiert zunächst den Betrag von 49 Euro und geht dann eine Checkliste mit mir durch:

Ob ich offene Wunden oder Blutungen habe? Nein.

Ob ich frisch rasierte Flächen habe? Nein.

Ob ich frisch gefärbte oder getönte Haare habe? Nein. Unverschämt. Oder sehe ich etwa so aus, als ob ich meine Haare färben würde?

Ob ich frische Tätowierungen habe? Nein, das ist ja nun schon einige Monate her.

Ob ich eigene Badeschuhe dabeihabe? Ja. Ich freue mich, auch mal eine positive Antwort geben zu können.

Es dauere noch ein paar Minütchen, bis ich dran sei, ich solle mich so lange noch setzen. Dies tue ich gern, habe ich so doch die Möglichkeit, mich ein wenig umzusehen. Die esoterisch-asiatischen Klänge im Hintergrund scheinen obligatorisch für jedwede Art von Entspannungstechnik. Ebenso wie der überdimensionierte Zimmerbrunnen rechts vom Eingang. Ich weiß nicht, wer jemals auf die Idee gekommen ist, dass permanentes Wassergeplätscher eine sedierende Wirkung haben soll. Mich macht das nämlich leicht aggressiv. Sei's drum. Beruhigend hingegen wirken die verschiedenen Pflanzen, die im Raum verteilt sind – das hat fast schon Dschungelcharakter. Dazu passen die Möbel: aus Bambus gefertigte Stühle, Sitzhocker und Tische sowie ein großer Diwan, der reichlich mit Kissen ausgestattet ist. Aus mehreren Wandnischen grinsen wohlbeleibte Buddhas die Besucher an. Auf Hockern und in Ecken verströmen blumenvasengroße Salzkristalle ihre energetisierende Wirkung. Wow, was schreibe ich mittlerweile für ein Zeugs! »Energetisierende Wirkung« – vor ein paar Monaten hätte ich noch nicht gewusst, was das ist, aber inzwischen bin ich ja so was wie ein Gelassenheitsexperte und solche Wörter fließen mir förmlich aus der Feder. Wo war ich? Ach ja, ich wollte ja den Eingangsbereich beschreiben. Ich komme mir vor wie auf Bali oder Ko Samui – jedenfalls recht authentisch.

Kurz vor mir hat ein Pärchen mittleren Alters eingecheckt. Sie warten nun gemeinsam mit mir. Es scheint nicht die erste Ehe zu sein. Zumindest habe ich den Eindruck, dass die beiden schwerst ineinander verliebt sind. Ich glaube, gleich fängt er an, sie aufzufressen. Soll ich ihm etwas von meiner Laugenbrezel anbieten, die ich im Rucksack habe? Ich möchte nicht wissen, was die beiden in ein paar Minuten machen werden.

Auf dem Zweisitzer fläzt sich ein anderes Ehepaar, das offensichtlich schon länger verheiratet ist. Sie tragen Bademäntel und scheinen das Floating hinter sich zu haben. Jeder schaut in eine andere Richtung, und sie gähnt derart intensiv, dass ich befürchte, sie fällt gleich in einen narkotischen Schlaf. Er hackt auf sein iPhone ein, als gelte es, mit gezielten Fingerschlägen das Display zum Bersten zu bringen. Augenscheinlich hatte das Floating mit Frau Gemahlin keine sooo entspannende Wirkung auf ihn.

Es dauert nicht lange, da werde ich gebeten, Joko zu folgen. So heißt der junge Mann, der mich bereits in Empfang genommen hat. Er zeigt mir die Umkleiden und will wissen, ob ich meine eigenen Badeschuhe dabeihabe.

»Ja, das habe ich Ihnen doch schon gesagt.«

»Ach ja, stimmt. Hier ist Ihr Bademantel. Handtücher sind im Raum, sonst brauchen Sie nichts. Wenn Sie umgezogen sind, kommen Sie einfach an das Ende des Flurs.«

Ich entledige mich meines Anzuges (ich habe im Anschluss eine Vorlesung in Frankfurt), ziehe meine Badehose an (ich habe das älteste Modell gewählt, ich weiß ja nicht, wie aggressiv das Salzwasser ist) und streife mir den Bademantel über. Es sind nur ein paar Schritte zum Floating-Raum. Dort wartet Joko und überrascht mich mit der Frage: »Waren Sie auf Toilette?«

Hä? Will der das jetzt ernsthaft wissen? Ich überlege einen Moment, ob ich zurückfragen soll: »Groß oder klein?«, entscheide mich dann aber dafür, mit einem schlichten »Ja« zu antworten.

Sodann folgt die Einweisung. Ich solle mich bitte gründlich duschen. Ich fühle mich wie ein Sechsjähriger bei seinem ersten Hallenbadbesuch, dem der Bademeister die Regeln erklärt. Das lasse ich mir jedoch nicht anmerken und höre aufmerksam zu. Nach der intensiven Körperreinigung soll ich mich auf den Beckenrand setzen und langsam ins Wasser gleiten. Das Becken hat einen Durchmesser von etwa drei Metern und ist ca. 30 Zentimeter tief.

»Darin befinden sich 750 Kilogramm Salz. Wir haben somit einen Salzgehalt wie im Toten Meer«, erklärt Joko stolz.

750 Kilogramm Salz – ich überschlage das kurz. Das sind in etwa 375.000 Frühstückseier, die man damit salzen könnte. Angenommen, ich würde vom Tag meiner Geburt bis zu meinem Dahinscheiden jeden Morgen ein Ei verzehren, dann müsste ich 1027 Jahre alt werden, um diese Salzmenge zu verbrauchen. Respekt, die kippen da echt was rein.

»Das Wasser ist exakt 36,7 Grad warm. Das ist die normale Körpertemperatur. So können Sie sich lange im Wasser aufhalten, ohne zu frieren. Außerdem haben wir Infrarotstrahler an der Decke installiert, die für ein angenehmes Raumklima sorgen.«

Es stimmt – es ist wohlig. Joko fährt fort mit der Anleitung. Er zeigt mir die Ohrenstöpsel, die ich gegebenenfalls verwendet könnte, falls mich Wasser in den Ohren stören würde. Kleinere Wunden könnte ich mit Vaseline (dabei zeigt er auf das bereitstehende Döschen) beschmieren, um diese vor dem Salzwasser zu schützen.

»Und das hier ist der Notknopf.«

Was? Notknopf? Ist das denn so gefährlich? Leichte Panikgefühle steigen in mir hoch, als Joko erläutert, dass das Licht in genau vier Minuten ausgehe und dann nur noch die Unterwasserbeleuchtung aktiv sei.

»Manche Leute bekommen dann Beklemmungen. Sofern das bei Ihnen der Fall sein sollte, müssen Sie einfach diesen Knopf drü-

cken. Wenn ich dann vorne am Empfang bin, komme ich zu Ihnen.«

Und wenn er nicht dort ist, sondern gerade einen anderen Kunden in einem der anderen Räume einweist, dann sterbe ich hier den plötzlichen Herztod, oder was? Egal, ich leide glücklicherweise nicht unter klaustrophobischen Attacken, sodass ich mir darüber nicht allzu viele Gedanken mache. Was mich deutlich mehr beschäftigt, ist die abermalige Frage von Joko: »Sie waren doch auf Toilette?«

Anscheinend pinkelt hier jeder Zweite in das Becken, sodass man auf Nummer sicher gehen will. Oder Joko hat ein Kindheitstrauma.

»Ja, sogar ganz lange.«

Joko scheint beruhigt und erwähnt beim Hinausgehen noch, dass das Deckenlicht nach einer Stunde automatisch angehen und die Musik verstummen würde. Dies würde mir dann signalisieren, dass meine Zeit vorbei sei. Mit einem »Gute Entspannung« verabschiedet sich Mr Warst-du-schon-auf-dem-Klo und schließt die Tür hinter sich.

Endlich bin ich allein und besteige die salzige Ursuppe. Argh! Das zieht ganz schön am linken Fuß. Daran hatte ich nicht mehr gedacht. Gestern hatte ich zum ersten Mal meine neuen Schuhe an und mir dabei eine fünfmarkstückgroße Blase gelaufen – selbige scheint wohl (für mich nicht erkennbar) aufgegangen zu sein. Schnell ziehe ich meinen Fuß raus und trockne ihn ab. Eine fingerdicke Schicht Vaseline drauf und erneuter Versuch. Nun tut es kaum noch weh und ich lasse mich vorsichtig in das Becken gleiten. Ich strecke mich aus und werde tatsächlich wie von Wunderhand nach oben gedrückt. Ohne jeden Aufwand zu betreiben, liege ich im Wasser, nur das Bäuchlein schaut heraus.

Herrlich! Ich genieße die ersten Minuten im warmen Nass. Die Hände habe ich hinter dem Kopf verschränkt. Die Ohren sind unter Wasser, das Gesicht ist frei. Ich fühle mich wie ein Fettauge auf der Hühnersuppe, nur dass es hier nicht ebenso riecht. Ein leichter, kreisförmiger Strudel bewegt meinen Körper sanft hin und her. Ich schließe die Augen und wähne mich schwerelos. Dazu trägt auch die Musik bei, die aus den Unterwasserlautsprechen dringt. Es sind sphärische Klänge, die vermutlich den Nachhall des Big Bang darstellen sollen. Abwechselnd erscheint blaues, orangefarbenes und grünes Licht aus den im Becken eingelassenen Strahlern. Trotz geschlossener Augen kann man das so halbwegs erkennen. Ähnlich müssen wohl die Lichtverhältnisse da draußen in der Milchstraße sein, zumindest wenn man den Star-Wars-Filmen Glauben schenken kann.

Kein Wunder, dass ich mir vorkomme wie Voyager 2 auf dem Weg zum Uranus. Weg da, ihr Meteoriten – Däfler ist auf seiner Mission zur Erkundung des äußeren Planetensystems. Ich drifte durch die unendlichen Weiten des interstellaren Raumes und träume, auf der Kommandobrücke des Raumschiffs Enterprise zu stehen: »Mr Spock, geben Sie mir mal die Koordinaten.«

Nach ein paar Minuten komme ich wieder in der Realität an, denn Salzwasser ist mir ins Auge geschwappt. Ich erhebe mich und stelle mich unter die Dusche, um das Auge auszuspülen. Wieder im Becken gelingt es mir nicht, mich gedanklich erneut ins All zu begeben. Stattdessen versuche ich, schon mal Formulierungen zu finden, mit denen ich später dieses Gefühl von Schwerelosigkeit beschreiben kann. »Wie im Mutterleib« – ja, so könnte ich das formulieren. Aber: Woher will ich denn wissen, wie es sich als Ungeborenes in Mamas Bauch anfühlt? Vielleicht ist das gar nicht so bequem, eingequetscht zwischen Leber und Milz, noch dazu permanente Verdauungsgeräusche aus Mamas Dickdarm. Dann eher: wie eine Olive im Martini-Glas oder wie ein Flöckchen in einer Schneekugel oder wie ein Pendler in der Münchner U-Bahn zur Stoßzeit ohne Sitzplatz – da wird man auch gehörig umhergewirbelt.

Nachdem mir keine weiteren Metaphern einfallen, überlege ich, was ich jetzt tun könnte. Da kommt mir eine Idee: Ich spiele »Kampfpilot im Einsatz«. Meine Mission: das im Wasser treibende Nackenkissen zerstören. Ich stoße mich an der einen Seite ab und muss das Kissen so schnell wie möglich versenken. Nach ein paar Minuten macht mir auch das keinen Spaß mehr. Was könnte ich noch machen? Mir fällt nichts ein. So überlege ich mir, was ich nachher, wenn ich auf dem Weg zur Vorlesung beim Lidl vorbeifahre, besorgen möchte. Während ich meine gedankliche Einkaufsliste erstelle, habe ich einen Einfall: Ich könnte doch mal den Notknopf betätigen und schauen, ob Joko auf seinem Posten ist. Wie lange würde er brauchen, um mir zur Hilfe zu eilen? Wie würde er reagieren, wenn ich sagte, dass ich mal ganz dringend auf Toilette müsste? Wäre er erleichtert, dass ich nicht ins Becken gemacht hätte, oder würde ihm auffallen, dass ich ihn dazu eigentlich nicht brauche? Fragen über Fragen, die nie beantwortet werden, weil ich einen anderen Einfall habe: Ich werde eine Flipperkugel imitieren. Mit ausgestreckten Beinen und Armen stoße ich mich von Seite zu Seite – bäng, bäng, bäng.

Eine ganze Stunde ist trotz der wohligen Atmosphäre doch zu viel.

Es will mir einfach nicht mehr gelingen, mal ein paar Minuten am Stück ruhig liegen zu bleiben und an nichts zu denken. Die in der Ausschreibung versprochene Tiefenentspannung will sich bei mir partout nicht einstellen. Was mache ich nur verkehrt? Ich genieße zwar die wohlige Atmosphäre, aber eine ganze Stunde lang »Toter Mann« spielen, ist mir dann doch definitiv zu lange. Eine halbe Stunde hätte locker gereicht. Die verbleibende Zeit verbringe ich damit, die Anzahl der Wandfliesen zu zählen.

Ich bin übrigens gar keine Ausnahme. Forscher der University of Virginia haben nämlich in einem Experiment nachgewiesen, dass es verdammt schwierig ist, wirklich nichts zu tun. Die Wissenschaftler baten Testpersonen, 15 Minuten lang rein gar nichts zu machen.

Das Einzige, was sie tun konnten (nicht mussten!), war, sich selbst einen leichten Elektroschock zu versetzen. Die Resultate waren erschütternd: Zwei Drittel aller Männer und ein Viertel aller Frauen verpassten sich wenigstens einmal einen Stromstoß! Also verhalte ich mich so wie die Mehrheit der Männer.

Als die Musik verstummt und das Deckenlicht angeht, bin ich gerade bei Wandfliese Nummer 274. Ich dusche, ohne Seife zu benutzen. Dies hatte mir Joko bei der Einweisung geraten. Das Salz würde einen dünnen Film auf der Haut bilden und hätte eine wohltuend-pflegende Wirkung. Mich stört es eher. Das ist wie aus dem Mittelmeer steigen und dann an der Sonne trocknen. Das Gefühl empfinde ich immer als etwas unangenehm. Aber meiner alternden Haut zuliebe verzichte ich dann doch auf die Verwendung von Duschgel.

Nachdem ich wieder angezogen bin und meinen Bademantel in den dafür vorgesehenen Wäschekorb gelegt habe, setze ich mich wieder in den Empfangsraum, der zugleich als »Nachruheraum« dient. Gerne bediene ich mich an der Wasserbar, denn das Bad hat durstig gemacht. Hier treffe ich das Pärchen, das mit mir eingecheckt hat. Ich will wissen, wie es den beiden gefallen hat, und hoffe, dass sie mir jetzt nicht über irgendwelche Schweinereien berichten, die sie in ihrem Doppel-Floating-Tank angestellt haben.

»Es war schrecklich langweilig, nach einer Viertelstunde wollte ich eigentlich schon wieder raus«, lautet das Fazit von ihr. Auch er ist nicht sonderlich angetan. Da ging es also nicht nur mir so …

Das Däfler-Test-Ergebnis:

Fun-Faktor:	★★★☆☆	Am Anfang war's richtig toll, doch nach einer gewissen Zeit gewöhnt man sich ans Schweben und es wird langweilig.
Kosten:	★★☆☆☆	Knapp 50 Euro sind schon eine Stange Geld. Das ist sicherlich nichts, was man jede Woche macht.

Durchführbarkeit:	★ ★ ★ ☆ ☆	Floating ist keine Neuigkeit mehr. In zahlreichen Orten gibt es Schwebebäder, Entspannungstanks oder Floating-Becken. Dennoch findet man solche Angebote nicht gerade an jeder Ecke.
Zeitbedarf:	★ ★ ★ ☆ ☆	Die reine Prozedur dauert eine Stunde. Mit Einweisung, Umziehen, Nachruhen sowie Anfahrt werden da locker drei Stunden draus.
Eignung:	★ ★ ☆ ☆ ☆	Es gibt schon einige Einschränkungen. Menschen mit bestimmten Hautproblemen dürfen nicht ins Becken und für ältere oder körperlich eingeschränkte Personen ist das auch eher nichts.
Nachhaltigkeit:	★ ☆ ☆ ☆ ☆	Es war nett. Und »nett« ist die kleine Schwester von … Nein, so derb will ich es nicht sagen. Die Zeit im Becken war alles in allem angenehm, aber nachhaltig war nur das Salz, das sich in meinen Ohren festgesetzt hat.
Ergebnis	14 von 30 ★	

TEST 12

Thaimassage – kneten, bis der Arzt kommt

»Was willst du geiler Bock bei der Tantramassage? Ich hätte nie gedacht, dass du so was machst.«

Meine Frau hat mich schon mal freundlicher empfangen. Ich komme gerade vom Einkaufen heim und werde mit dieser Frage konfrontiert.

»Hübsche, das ist doch für mein Buch«, säusele ich.

»Was für ein Buch? *Sanfte Thaihände*? Oder *Geile Massageladys*? Oder vielleicht *Wie ich es mir mal so richtig habe besorgen lassen*?«

»Schatz, jetzt beruhig dich. Du weißt doch genau, dass das für das Gelassenheitsprojekt ist und dass ich auch mal 'ne Massage ausprobieren will.«

»Klar, aber da musst du schließlich nicht zur Tantramassage gehen.«

»Wer sagt denn, dass ich das tue?«

»Na ja, zumindest stand dein aufgeklapptes MacBook auf dem Esszimmertisch und die Seite ›tantra-luder.xxx‹ war geöffnet!«

Uppps, muss ich vergessen haben zu schließen. Wie komme ich aus der Kiste wieder raus? Ich war wirklich ausschließlich zu Recherchezwecken auf dieser Internetseite, aber das glaubt sie mir ja ohnedies nicht.

»Ähm, ja, also, du weißt doch, ähm, dass ich ein Thema immer von allen Seiten beleuchten will, und deshalb, ähm, hab ich mir auch das mal angeschaut. So, jetzt muss ich aber los, ich habe um 17 Uhr in Frankfurt noch eine Prüfung abzunehmen. Tschüüüüs.«

In der Hoffnung, dass ihr Ärger – der ja nun wirklich unberechtigt ist – bis zu meiner Rückkehr verraucht sein wird, mache ich mich flugs aus dem Staub.

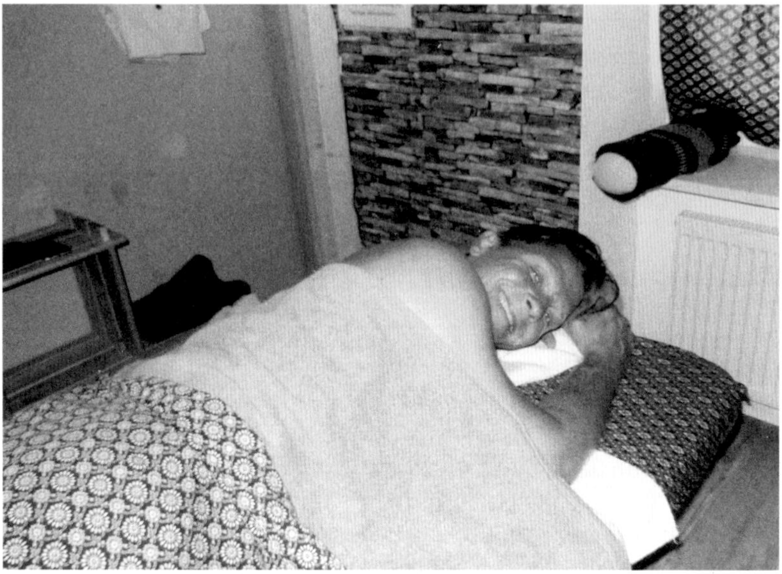

Als ich wieder zu Hause bin, schlage ich meiner Frau vor, dass sie mitgehen darf, um sich zu überzeugen, dass ich mich nicht mit einer Tantramassage verwöhnen lasse. Das besänftigt sie. Tags darauf vereinbare ich für den nächsten Mittwoch um 18 Uhr einen Termin bei den »Tollen Thaimassagen«.

Nun ist es so weit. Wir haben Glück und kommen gut durch den Feierabendverkehr. So gut, dass wir noch fast eine halbe Stunde Zeit bis zu unserem Termin haben. Da sich das Massagestudio zwischen einem Discount-Baumarkt und einem Tierfutterladen befindet, ist klar, womit wir die Wartezeit verbringen werden.

»Schatz, lass uns noch ein bisschen im Baumarkt stöbern.«

»Nein, wir gehen ins Tiergeschäft.«

Eingedenk der heftigen Debatte, die wir im Vorfeld hatten (Stichwort »Tantramassage«), verzichte ich auf eine weiter gehende Diskussion und trotte hinter meiner Frau in den Hunde-Katzen-Hamster-Rewe. Sie steuert zielsicher auf die Abteilung mit Pferdeleckerli zu, während ich durch die Gänge schlendere. Halt. Was ist das denn? Hier baumeln tatsächlich sauber verpackt echte Rehohren und getrocknete Stränge von der Pferdelunge. Ächz. Ist das eklig. Als »Hundekauartikel« bezeichnet, füllen diverse Körperteile diverser

Tiere aus Wald und Flur eine ganze Regalwand. Angewidert wende ich mich ab und warte draußen.

Als meine Gattin nach einer gefühlten Ewigkeit mit einer Kilopackung Pferdebonbons (Kräuter-Lakritz-Geschmack) auftaucht, bin ich nassgeschwitzt. Denn: Es ist heute ungefähr so heiß und feucht wie in Bangkok – die Umgebungsbedingungen sind also schon mal authentisch.

Der Massagesalon befindet sich im Erdgeschoss eines Zweckbaus aus den 1970er-Jahren. Mit viel Liebe zum kitschigen Detail hat die Besitzerin das Interieur auf thailändisch getrimmt. Blumengirlanden (künstlich), eine Schale mit Rosenblättern (echt), diverse Elefanten (aus Teakholz), eine Fototapete (Motiv »Bambuswald«), zwei Zimmerbrunnen (obligatorisch) und ein sandbefülltes Tablett mit verschiedenen glimmenden Räucherstäbchen (ebenso verpflichtend) zieren den Vorraum. Das Einzige, was mich stutzig macht, sind die Gitterstäbe vor den Fenstern. Wollen die verhindern, dass jemand flüchtet?

»Gute Tag, heiße euch willkomme. Habe Reservierung?«, will die ungefähr dreißigjährige, etwa 1,50 Meter große, sehr zierliche Dame wissen, die zweifellos südostasiatischer Herkunft ist.

»Ja, für Däfler, zweimal die einstündige Thai-Öl-Massage.«

»Stimmta – hier ist. Ware schon da?«

»Meine Frau schon, ich nicht.«

»Gut. Machte nix. Wenn tut weh, sag Bescheid.«

Wie? Da lag ich mit meiner Vermutung, was die Gitterstäbe betrifft, wohl ziemlich richtig. Ich bin doch nicht hier, um mich quälen zu lassen! Klar, bei einer Massage wird man schon mal angepackt, aber Schmerzen wollte ich mir nicht zufügen lassen. Eventuell handelt es sich ja um so eine Sado-Maso-Geschichte. Wenn dem so ist: Wie lautet das Safeword? »Rehohren« vielleicht?

Die nächsten Minuten habe ich Zeit, mir darüber Gedanken zu machen, denn noch sind unsere Masseurinnen anderweitig beschäftigt. Dies gibt mir Gelegenheit, einen Blick in den ausliegenden Flyer zu werfen. Darin wird erklärt, was mich nun erwartet: »Die Ölmassage ist eine Ganzkörpermassage von Kopf bis Fuß. Sie können sich dazu ein Aromaöl aus einem reichhaltigen Sortiment heraussuchen. Wir verwenden ausschließlich reine Massageöle aus Thailand. Bei dieser Massage liegen Sie entspannt auf einer Liege und genießen die sanfte Massage in Verbindung mit einem wohltuenden Massageöl. Es werden dabei auch spezielle Punkte sanft gedrückt und entlang der Energielinien massiert. Das Ganze dient zur Entspannung.«

Die Lektüre dieser Zeilen beruhigt mich. Entspannung stand da schwarz auf weiß. Fraglich ist natürlich, was unter »sanft gedrückt« zu verstehen ist. Ich werde es in zehn Minuten wissen.

»Gehe noch mal Pipi machen«, fordert uns die Inhaberin mit einem Lächeln auf. Das hatte ich doch schon beim Floating. Sehe ich etwa aus wie jemand, der das Wasser nicht halten kann? Steht auf meiner Stirn »Ich bin inkontinent«?

»Danke, ich war schon daheim«, antworte ich bemüht freundlich.

Wir werden in einen etwa 20 Quadratmeter großen Raum geführt, dessen Wände holzvertäfelt sind. Außer zwei Liegen in den Ausmaßen eines Esstischs (für sechs Personen) steht jeweils nur ein offenes Regal für die abzulegende Kleidung an der Seite. Dezente Thaiklänge sorgen für eine exotisch-beruhigende Atmosphäre. Einige Duftkerzen verströmen ihr Bergamotte-Aroma. Die Fenster sind mit blickdichten Vorhängen verhüllt. Eine nicht sichtbare Klimaanlage sorgt für angenehme Temperaturen.

Während uns die Inhaberin mit »Habe Entspannung« verlässt, tauchen fast zeitgleich zwei junge thailändische Damen auf, die noch filigraner gebaut sind als die Chefin. Ich denke, dass sie ab Windstärke 2 das Haus nicht verlassen dürfen, sonst würde sie der nächste Lufthauch davontragen. Ich wähne mich in Sicherheit. Von solchen Persönchen kann keine Bedrohung ausgehen. Ihnen fehlt schlicht die Kraft, um mir wehzutun.

»Ich bin Anna«, stellt sich mir meine Masseurin vor und gibt mir sogleich unmissverständlich die Direktive: »Ziehe aus!«

Nachdem ich wohl einen ziemlich erschreckten Gesichtsausdruck zeige, ergänzt sie: »Bisse auf Unterhose.«

Auch meine Frau wird von ihrer Masseurin Lisa (es ist hier üblich, dass man sich noch einen westlichen Namen gibt, weil wir Europäer die eigentlichen Namen nicht aussprechen können) gebeten, sich zu entkleiden.

In vorauseilendem Gehorsam lege ich mich bäuchlings auf die Liege. Anna korrigiert meine Stellung, ordnet Beine und Arme so an, wie sie es braucht. Anschließend bedeckt sie mich mit zwei Handtüchern und entschwindet. Derweil versuche ich, mich an die

Position zu gewöhnen. Die Liege hat am Kopfende einen kreisrunden Durchlass für das Gesicht. Doch statt auf den blanken Boden blicke ich auf eine mit Wasser gefüllte Schale, in der ein paar Lotusblüten (frisch) schwimmen. Das ist echt nett gemacht und trägt dazu bei, dass ich mich schon jetzt ziemlich relaxt fühle.

Nach kurzer Zeit schwebt Anna ein und sagt: »So, jetzt beginne. Wenn aua ist, du sage.«

»Alles klar.« Innerlich grinse ich – was will mir dieses Fliegengewicht schon antun?

Tatsächlich fängt sie an, mich mit leichten, regelmäßigen Bewegungen im Schulterbereich zu massieren. Ahh – wie angenehm. Etwa fünf Minuten später sind mein Rücken, meine Arme und Beine schön gelockert.

»Jetzte mit Öl«, erklärt Anna, was nun folgt.

Aus einem Gefäß (ich kann das nur hören, da ich ja infolge meiner liegenden Position quasi blind bin) lässt sie etwas Öl auf meinen Nacken tropfen. Ich spüre, wie Annas bleistiftdünne Fingerchen die Flüssigkeit verteilen. Wenige Augenblicke später schreie ich laut auf. Sie hat mit der eigentlichen Massage begonnen und knetet meinen Rücken mit der Kraft eines Sumoringers. Ich jaule. Anna lacht.

»Du nixe gewohnt. Iste noch leicht«, säuselt Anna und macht keinerlei Anstalten, die Intensität ihrer Griffe zu reduzieren. Ich habe das Gefühl, dass sie gleich mit ihren Fingern mein Schulterblatt durchstößt und mein Herz durch die Brust rausdrückt. Da ich männlich wirken will, unterdrücke ich weitere Schmerzensschreie. Woher nimmt sie diese Power? Wenn das die restlichen 50 Minuten so weitergeht, sterbe ich. Wie war noch mal das Safeword?

Ich flüstere »Rehohren«, in der Hoffnung, dass es das ist.

»Was sage?«

»Ich meinte nur, dass es jetzt gar nicht mehr so schlimm ist.«

Warum muss ich ihr was vormachen? Warum kann ich meinen männlichen Stolz nicht einfach runterschlucken? Es ist nämlich keineswegs besser, sondern mindestens noch ebenso schmerzhaft. Aber Anna interpretiert meine Äußerung als Aufforderung, noch eine Schippe draufzulegen. Gleich muss ich in die Lotusblütenschale unter mir kotzen.

Endlich ist die rechte Schulter fertig und der untere Rücken kommt dran. Der ist offensichtlich nicht so verspannt und so kann ich Annas

Massage wieder genießen. Auch der rechte Arm ist schmerzresistent. Das ist mein rechtes Bein ebenfalls. Allerdings stellt sich mir nun ein neues Problem. Anna arbeitet sich vom Knöchel nach oben. Immer höher kommt sie mit ihren Händen und verweilt gefährlich lange auf der Schenkelinnenseite. Ist das doch eine Tantramassage und der Rückenpart war nur das Vorspiel?

Anna legt fünf Millimeter vor meiner Unterhose einen Stopp ein und will wissen: »Du kicka?«

Blitze durchzucken meinen Körper. Jetzt wird's echt heiß. Was meint sie mit »kicka«? Das kann doch nur eines bedeuten. Vermutlich hat sie einen k-f-Sprachfehler. Was soll ich nur machen? Meine Frau liegt einen Meter rechts von mir auf der Pritsche – wir sind nur durch einen Stoffvorhang getrennt. Lieber Gott, sag mir sofort, was ich tun soll!

Für den Neuling gibt es zwischen den entspannenden Phasen auch mal schmerzhafte Minuten.

Anna wiederholt ihre Frage: »Du kicka?«

Ich gehe in die Offensive und stelle mich dumm: »Was ist kicka?«

Anna greift meinen rechten Fuß und berührt die Sohle, dazu lacht sie lauthals.

Ach so, sie meint kitzelig! Ich war noch nie so erleichtert und lache befreit: »Nur ein bisschen.«

Die ganze Prozedur wiederholt sich nun auf der linken Körperseite, und ich kann mich so gut entspannen, dass ich fast in einen Dämmerschlaf falle. Verhindert wird dies durch das auf Thailändisch geführte Gespräch der beiden Masseurinnen, die sich durch den Vorhang hinweg über ein Thema austauschen, das sich mir mangels Kenntnis dieses Idioms nicht erschließt. Ich vermute, Anna holt sich Tipps, wie sie mich jetzt am besten foltern kann. Oder sie macht sich über meine behaarten O-Beine lustig? Vielleicht sagt sie Lisa, dass sie noch nie so einen empfindlichen Waschlappen wie mich unter ihren Händen hatte? Ich werde es nie erfahren. Ich komme auch gar nicht mehr dazu, mir weitere Gedanken zu machen, denn nun ist meine linke Schulter dran. Und die schmerzt genauso wie die rechte. Jetzt weiß ich auch, wie sich ein Hefeteig im Entstehungsprozess fühlen muss. Ich schwöre: Ich werde nie mehr einen unschuldigen Teig quälen, wenn ich hier lebend rauskomme.

Anna ist nun fertig und bittet mich, mich umzudrehen. Kaum liege ich auf dem Rücken, deckt sie mir mit einem Handtuch das Gesicht zu. Das ist eine ganz perfide Foltermethode – der Delinquent soll nicht sehen, was auf ihn zukommt. Eine echt fiese Masche.

Doch meine Befürchtungen sind unberechtigt. Die Vorderseite von Armen und Beinen sowie Hände und Füße werden jetzt auf das Angenehmste massiert. Erneut sinke ich in einen schlafähnlichen Zustand und genieße die sanften Berührungen. Leider währt dies nicht sehr lange, denn Anna heißt mich alsbald, mich aufzurichten und auf die Kante zu setzen. Was hat sie wohl vor?

Nachdem sie mich mit ihren diversen Techniken noch immer nicht umbringen konnte, entschließt sich Anna nun zu einer radikalen Maßnahme. Sie klettert tatsächlich auf die Pritsche, kniet sich hinter mich, legt meine rechte Hand auf meine linke Schulter, greift mit ihrem rechten Arm durch die so entstandene Lücke und dreht mich mit all ihrer Kraft um 90 Grad zur Seite. Sie will meine Wirbelsäule brechen. Es knackst bedenklich. Doch mein Körper hält stand. Er ist stärker als sie. Ich trotze ihrem ultimativen Würgegriff, den sie noch einmal auf der anderen Seite ansetzt, und habe damit die Massage überlebt. Ich bin so stolz auf mich. Triumphale Gefühle stellen sich ein. Doch ich habe mich zu früh gefreut. Anna nimmt einen letzten Anlauf, um mich aus dieser Welt zu schaffen. Nachdem sie kurz verschwunden war, kehrt sie mit einem heißen Tuch zurück, das sie zunächst ein paarmal hinter meinem Rücken schwenkt, um es mir dann direkt aufzulegen. So muss sich eine Tiefkühlpommes fühlen, wenn sie aufs Blech gelegt wird. Anna will mich offensichtlich verbrühen. Ich beiße die Zähne zusammen und atme tief durch die Nase. Heldenhaft und mit maximaler Selbstbeherrschung (ich darf mich mal selbst loben, tut ja sonst keiner) überstehe ich schließlich auch diese Attacke.

»Du fertig, jetzte anziehe«, trällert Anna mit einem unschuldigen Grinsen.

Ich will von der Pritsche aufstehen, doch mein Titanenkörper fühlt sich an, als ob gerade eine Stunde lang eine Dampfwalze über ihn gefahren wäre. Jede Bewegung schmerzt.

»Schatz, kannst du bitte einen Rollstuhl organisieren, damit ich es bis zum Auto schaffe?«, rufe ich durch den Vorhang zu meiner Frau hinüber.

Die lacht natürlich nur und meint, ich solle mich nicht so anstellen.

Mit meinen letzten Energiereserven schleppe ich mich wieder in den Vorraum, wo ich von der Chefin mit einer Tasse Jasmintee empfangen und gefragt werde: »Du komma wieder?«

Ja, das werde ich auf jeden Fall tun, denn trotz einiger tatsächlich leicht schmerzhafter Minuten habe ich die eine Stunde bei der »Tollen Thaimassage« sehr genossen.

Das Däfler-Test-Ergebnis

Fun-Faktor:	★★★☆☆	Ein Masochist würde hier sicherlich noch mehr Sterne vergeben als ich. Auch wenn so mancher Griff ein wenig Jaulen provoziert hat, so war's insgesamt doch sehr schön.
Kosten:	★★★☆☆	Die 60 Minuten haben 33 Euro gekostet. Keine Frage, das ist schon eine Menge Geld. Auf der anderen Seite finde ich es günstig, wenn man überlegt, dass Handwerker und KFZ-Mechaniker heute schon mal locker das Doppelte als Stundensatz aufrufen.
Durchführbarkeit:	★★★★☆	Allein in meiner kleinen Heimatstadt hatte ich eine Auswahl von mehreren Massagestudios. Außer in der absoluten Provinz dürfte es überall entsprechende Etablissements geben.
Zeitbedarf:	★★★★☆	Mit Anreise, Wartezeit und anschließendem Teetrinken gingen zwei Stunden drauf. Ist nichts für mal eben zwischendurch, aber auch nicht zu zeitintensiv.

Eignung:	★ ★ ★ ★ ☆	Außer Menschen, die aus welchen Gründen auch immer Öl auf der Haut nicht vertragen oder massive Rückenprobleme haben, kann sich jeder massieren lassen.
Nachhaltigkeit:	★ ★ ★ ☆ ☆	Definitiv nachhaltig war der Muskelkater. Noch drei Tage lang habe ich Annas Hände auf meinen Schultern gespürt. Aber auch die ganze entspannte Atmosphäre hat ein Weilchen nachgeklungen.
Ergebnis	21 von 30 ★	

TEST 13

Yogakurs – mehr Lebensfreude mit der Todesstellung

Acro-Yoga, Anti-Gravity-Yoga, Aerial-Yoga, Ashtanga-Yoga, Bikram-Yoga, Forrest-Yoga, Hatha-Yoga, Hormon-Yoga, Luna-Yoga, Power-Yoga ... sich für den passenden Yogakurs zu entscheiden, ist schwieriger, als bei Starbucks seinen Kaffee zu wählen. Deutlich schwieriger. Ich sitze am Computer und bin kurz vorm Verzweifeln. Dass es derart kompliziert werden würde, hätte ich nie gedacht. Vermutlich muss man Sportwissenschaften, Sanskrit und Astrophysik studiert haben, um die Unterschiede zwischen den einzelnen Angeboten zu kennen. Wenigstens kann ich das Mutter-Kind-Yoga ausschließen, ebenso das Hunde-Yoga. Auch zum Nackt-Yoga will ich nicht. Dennoch bleiben viel zu viele Yogastile übrig. Ich schalte den Rechner aus, hole mir ein indisches Bier (Marke »Kingfisher«, war bei Lidl im Angebot) aus dem Kühlschrank und beschließe, heute Couch-Yoga zu praktizieren. Vielleicht kommt mir dabei ja die Erleuchtung, zu welchem Kurs ich mich anmelden soll.

Intuitiv habe ich mal wieder alles richtig gemacht, denn während ich auf dem Sofa lümmle, die Mails auf meinem iPhone checke und das Bier vom Ganges (welches übrigens sehr schmackhaft ist) trinke, trudelt ein Newsletter meines Fitnessstudios ein. Normalerweise lösche ich diese ungelesen, doch heute öffne ich ihn tatsächlich und entdecke unter der Rubrik »Neue Angebote« gleich zwei Kurse, die nicht besser passen könnten: »Yoga am Montag« und »Yoga am Freitag«. Was? Nur Yoga? Kein einziger Zusatz? Da muss was faul sein. Ernsthafte Kurse tragen Namen, wie »Kshetra Kshetrajna Vibhaga Yoga«. Ehrlich, das gibt es! Unterschieden wird hier zwischen dem

Feld und dem Kenner des Feldes. Wer's nicht glaubt: einfach mal googeln.

Herrlich, also schlichtes Yoga ohne Schnickschnack, quasi Kaffee schwarz – so was gibt's nicht mal bei Starbucks. In der Beschreibung wird zwar darauf hingewiesen, dass der Montagskurs etwas körperbetonter sei als der Freitagskurs, aber ansonsten wären beide Kurse mehr oder weniger gleich und auch für Anfänger bestens geeignet. Genau so etwas habe ich gesucht. Und das Schönste dabei: Ich muss keinen Cent dafür bezahlen, denn durch meinen Mitgliedsbeitrag im Fitnessstudio kann ich an allen Kursen ohne zusätzliche Gebühren teilnehmen.

Am folgenden Montag bin ich um 9:15 Uhr im Studio. Im Kursraum läuft dezente indische Hintergrundmusik, so wie ich sie aus dem Lokal Taj Mahal kenne, nur der Fettgeruch fehlt. Außer mir sind etwa 15 Frauen unterschiedlichsten Alters anwesend, die sich gleich ihre Knochen verbiegen wollen. Toll! Da bin ich der einzige Mann. Ich weiß nicht, ob ich mich darüber freuen soll. Es wird sich rausstellen. In einer Viertelstunde geht es erst los. Ich hole mir eine Gymnastikmatte, suche mir ein unauffälliges Plätzchen in der hintersten Reihe, entledige mich meiner Schuhe und Strümpfe, begebe mich in den Schneidersitz und bemühe mich, so meditativ-erleuchtet wie möglich zu gucken.

Derweil habe ich Gelegenheit, die anderen angehenden Yogis zu mustern. Die da vorn mit dem kecken Pferdeschwanz ist bestimmt Studentin, sonst könnte sie um diese Uhrzeit nicht da sein. Links von mir: eine etwa 50-Jährige mit Holzkette in allen Regenbogenfarben um den Hals, Outfit im Stil tibetanischer Bettelmönche und graues Haar bis zur Hüfte. Mit dabei hat sie ein Bio-Dinkel-Meditationskissen und ihre eigene Yogamatte (vermutlich aus Hanf). Die Dame scheint direkt einem Ashram aus Goa entsprungen zu sein. Unerklärlich, was die in einem Aschaffenburger Fitnessstudio im Jahr 2017 macht. Vielleicht hat sie ihre Zeitmaschine falsch programmiert?

Die meisten anderen Teilnehmerinnen rechne ich der Fraktion »körperbewusste, sich makrobiotisch ernährende Mitvierzigerinnen auf der Suche nach dem eigenen Ich« zu. Zwei, drei Rentnerinnen sind ebenfalls unter den Anwesenden sowie eine hyperaktive Dame, die ich für eine Managerin von Mitte 30 halte, die sich seit Jahrzehnten vermutlich von nichts anderem als täglich zwei Rucolablättern ernährt, monatlich einen vierstelligen Betrag für Kosmetik ausgibt und sich selbst für unersetzbar hält. Während sich die meisten in gedämpftem Ton unterhalten oder schweigen, brüllt Mrs Super-Wichtig in ihr Handy: »Nein, da habe ich keinen Slot mehr frei, da bin ich in der Telko mit L.A. und danach habe ich einen Call mit dem CFO. Du musst mir die Minutes vom Meeting also asap inboxen, damit ich dann nach dem Lunch responden kann.« Na, die hat Yoga hier wohl am nötigsten.

Eine sympathisch wirkende Enddreißigerin betritt mit einem Lächeln den Kursraum, geht zur Musikanlage und stellt das Sitargedudel aus. Dafür plätschert es nun sanft im Hintergrund. So beruhigend die Gebirgsquelltöne wirken sollen, so sehr verstärken sie in mir das Bedürfnis zu pinkeln. Warum musste ich heute Morgen auch drei Tassen Kaffee trinken? Und warum hat mich hier vorher niemand aufgefordert, die Toilette aufzusuchen? Wenn ich jetzt gehe, verpasse ich den Beginn, also einfach nicht daran denken. »Willkommen zum Yoga am Montag, ich bin Natalia.« Wir sollen uns in den Schneidersitz begeben. Das hatte ich ja schon getan, die meisten anderen auch. Sanftes Schulterkreisen, zunächst nach hinten, dann nach vorne, den Kopf sachte nach links, dann nach rechts drehen, die Arme nach oben heben und dann wieder ruhig sinken lassen – so stimmen wir uns ein. Da waren meine Befürchtungen also umsonst. Ich hatte nämlich Bedenken, ob ich beweglich genug sein würde, um die Übungen zu bewältigen.

Während wir uns schulterkreisend auf die Stunde einstimmen, erklärt uns Natalia, worum es beim Yoga geht: Yoga ist eine indische Lehre, die etliche geistige und körperliche Übungen umfasst und eine der sechs klassischen Schulen der indischen Philosophie ist. Es gibt zahllose verschiedene Varianten (das hatte ich ja auch schon herausgefunden), wovon manche der geistigen Konzentration dienen, andere hingegen mehr der körperlichen Ertüchtigung. Entscheidend ist bei allen Formen der Atem, der stets eine zentrale Rolle spielt. Der traditionelle indische Yoga ist etwas gaaaaanz anderes als der westliche Yoga. Die ursprüngliche Version ist viiiiiiel komplexer, aber das soll uns nicht interessieren, wir legen hier den Schwerpunkt auf den körperlichen Aspekt.

Nun, meine Erleichterung darüber, dass es wohl nicht so schlimm werden würde, hat keine drei Minuten Bestand. Natalia erläutert uns eine der Grundübungen des Yoga: den herabschauenden Hund. Zunächst sollen wir den »Vierfüßlerstand« einnehmen – das bedeutet, mit den Händen und Knien die Matte zu berühren. Dann sollen wir die Hände direkt unterhalb der Schultern platzieren und die Knie unterhalb der Hüften. Anschließend gilt es, die Ellenbogen zu strecken, die Finger zu spreizen und sie in die Yogamatte zu drücken. Ausatmen sollen wir, während wir die Zehen anziehen und die Knie vom Boden nehmen. Dabei müssen wir langsam die Beine strecken. Die Hüfte schiebt sich nach oben und der Po bewegt sich nach hinten. Die Füße sollten sich dabei nicht bewegen. Um ordentlich Körperspannung aufzubauen, müssen wir uns nun leicht mit den Händen wegdrücken, damit die Fersen in Richtung Matte sinken können. Diese Position sollen wir nun zwei Minuten halten. Ehrlich gesagt, habe ich nicht den Hauch einer Ahnung, was ich hier tun soll – ich habe null verstanden. Ich schaue mir einfach an, was die anderen machen, und versuche, das zu imitieren.

Ich stehe da wie ein umgedrehtes »V« und habe bereits nach zehn Sekunden das Gefühl zusammenzubrechen. Ein vorsichtiger Blick nach links und rechts zeigt mir, dass meine Mit-Yogis anscheinend keinerlei Probleme damit haben. Da will ich mir keine Blöße geben. Derweil läuft Natalia durch die Reihen und gibt dezente Verbesserungshinweise: »Du musst die Ellenbogen mehr nach außen drücken« oder »Deine Ohren und die Oberarme sind nicht auf einer Ebene« oder »Entspanne deinen Kopf, aber lasse ihn nicht hängen«. Kurz bevor sie vor meiner Matte ankommt, gibt sie das herbeigesehnte Kommando: »So, nun nehmen wir die Gegenposition ein.«

Was nun folgt, lässt sich nicht anders beschreiben denn als »Folterprogramm«. Dieses trägt zwar so harmlose Namen wie Pfau, Krähe, Stuhl, Hase und Katze, doch in Wirklichkeit sind es Verrenkungen, die vielleicht 1,60 Meter große und 50 Kilogramm leichte Bodhisattvas im Himalaya problemlos hinbekommen, aber nicht normalgewichtige Mitteleuropäer, die stark auf die 50 zusteuern. Vor allem nicht, wenn die nach wie vor lächelnde Natalia vor einem auftaucht und mit einem fröhlichen »Darf ich dir mal deine Grenzen zeigen?« ihr Knie einem derart brutal in den Rücken bohrt und dabei deinen rechten Arm unter dem linken Oberschenkel durchzieht. Und vor allem nicht, wenn man nun ganz, ganz, ganz dringend auf Toilette muss. Nicht nur das Gebirgsquellgedudel trägt dazu bei, sondern auch die diversen Übungen, die mal mehr, mal weniger auf die Blase drücken.

Weiter geht's mit der Position »Zerstörer des Universums« – die heißt wirklich so. Dabei muss man versuchen, den rechten Fuß hinter den Kopf zu bekommen. Jetzt weiß ich auch, weshalb Yoga im Sanskrit ursprünglich »Joch« beziehungsweise »anspannen/zusammenbinden« bedeutet: Ich fühle mich wie ein Ochse in seinem Geschirr, nämlich reichlich eingeengt. Allerdings – so lese ich später in einem Yoga-Fachbuch nach – meint der Begriff eher so etwas wie »Integration« oder Vereinigung von Körper und Seele. Aus diesem Buch erfahre ich auch, dass Yoga, so wie wir Europäer es verstehen, eigentlich gar nicht der typische Yoga ist. Denn selbiger existiert gar nicht. Es gibt zig unterschiedliche Yogawege (das weiß ich nun wirklich) und -schulen, die durch ein gemeinsames Ziel geeint werden: Selbsterkenntnis zu erlangen. Nun gut, das ginge doch einfacher – da langt doch eine halbe Flasche Doppelkorn. Egal, jetzt steht tatsächlich nur noch eine Übung an.

Natalia fordert uns auf, die »kleine Kobra« zu machen. Nein, das ist keine verquere Sexualpraktik, sondern eine ganz klassische Körperhaltung im Yoga. Wobei das der nicht ganz korrekte Ausdruck ist. Asanas heißen die verschiedenen Stellungen im Yoga, wie ich später recherchiere. Egal, die »kleine Kobra« kriege ich auch noch irgendwie hin. Und kurz darauf danke ich meinem Schöpfer, als die erlösenden Worte fallen: »Zieht euch nun eure Socken an.« Sogleich erschrecke ich jedoch wieder: »Kommt in die Todesstellung.« Ich hatte nicht vor, hier zu sterben. So alt bin ich doch nun auch wieder nicht. Und so dämlich habe ich mich hoffentlich auch nicht angestellt, dass ich jetzt auf der Yogamatte meinen letzten Atemzug tun muss.

Natalia erläutert, dass es sich bei der »Todesstellung« um eine der wichtigsten Übungen handelt. Sie dient vor allem dazu, zur Ruhe zu kommen, Verspannungen zu lösen und Energie zu tanken. Es ist die erste Übung heute, die ich problemlos meistere: Es gilt, sich flach auf den Rücken zu legen und alle viere von sich zu strecken. Gut, das kann ich. Allerdings muss ich aufpassen, dass ich nicht einschlafe. Der nun nicht mehr steigerbare Druck in meiner Blase verhindert dies jedoch. Ich sag's ja immer: Es gibt nichts Schlechtes, an dem nicht auch etwas Gute wäre. Mit einer Verneigung vor uns selbst beenden wir die Stunde und ich stürze hinaus Richtung Toilette.

Yoga hilft uns, zur Ruhe zu kommen und Verspannungen zu lösen.

Obwohl ich am Dienstagmorgen nur mit allergrößter Willensstärke das Bett verlassen kann, so heftig ist der Muskelkater, bin ich doch äußerst zufrieden mit mir. Ich habe durchgehalten, mich gar nicht so doof angestellt und irgendwie fühle ich mich auch gelöster. Daher beschließe ich, auch den Freitagskurs zu besuchen.

Glücklicherweise hat sich mein Körper bis zum Ende der Woche wieder einigermaßen regeneriert, und ich bin bereit, mich erneut zu verbiegen. Ulrike, etwa Ende 40 und mit einem flotten Kurzhaarschnitt, leitet den Freitagskurs, der um 9:30 Uhr beginnt. Ein paar Gesichter kenne ich vom Montagskurs, die Mehrheit der Teilnehmer jedoch scheint zum ersten Mal da zu sein.

Mit zusammengefalteten Händen und einem »Namaste« werden wir begrüßt. Ulrike nimmt sich die Zeit, uns ein wenig über die Geschichte des Yoga zu erzählen. Der ist viel älter, als ich dachte. Uli sagt, dass schon in den Upanischaden 700 v. Chr. erstmals Atemübungen beschrieben wurden und dass sich Yoga im Laufe der letzten 2500 Jahre beständig weiterentwickelt hat. Das, was wir in der zivilisierten Welt heute unter Yoga verstehen, sei nur ein kleiner Ausschnitt dessen, was wirklich zum Yoga gehört. Das hatte auch Natalia schon erwähnt. Dennoch habe auch der moderne Yoga eine ganze Reihe wissenschaftlich belegter positiver Wirkungen. Allen voran würden Menschen, die regelmäßig Yoga praktizieren, über eine deutlich bessere Körperwahrnehmung verfügen, seltener krank werden, weniger Rückenbeschwerden haben und spürbar gelassener sein. Na also – Yoga scheint eine Art Wunderdroge zu sein, nur ohne Kopfschmerzen am Tag danach!

Bevor wir unsere erste Übung machen, erklärt Uli noch, wie bedeutsam das Atmen beim Yoga ist und wie sehr man sich dadurch selbst beeinflussen kann. Vereinfacht gesagt lautet die Schlussfolgerung für den Alltag: Wenn du gelassen sein willst, dann atme einfach ganz bewusst und langsam – fülle deine Lunge komplett und lass deinen Atem ruhig ausströmen. Etwas skeptisch lasse ich das sacken. Später werde ich feststellen, dass dies einer der besten Tipps überhaupt war, die ich im Verlauf meines Projekts vernommen habe. Es wirkt wirklich. Schneller, billiger und unkomplizierter kann man nicht gelassen werden.

Nach dieser theoretischen Einführung beginnt Ulrike mit den Übungen. Die meisten kenne ich schon vom Montag. Den »herabschauenden Hund« bekomme ich schon ein wenig besser hin und den »Stuhl« kann ich auch ein paar Sekunden länger halten.

Als wir in den »Pflug« gehen (dabei liegt man auf dem Rücken und muss mit gespreizten Beinen neben dem Kopf versuchen, mit den Füßen den Boden zu berühren), entfährt meiner Nachbarin ein deutlich vernehmbarer Furz. Oder war es das Quietschen der Matte? Wenig später riecht es leicht süßlich. Damit wäre diese Frage geklärt. Nachdem wir das Feld gepflügt haben, nehmen wir noch die Positionen »Fisch«, »Pyramide« und »Krieger 2« ein. Wer sich nur diese Namen ausgedacht hat? Auch Uli beendet ihre Stunde mit der »Todesstellung« und entlässt uns mit den Worten: »Wenn ihr regelmäßig Yoga macht, wird sich eure Körperhaltung deutlich verbessern. Bleibt dran!«

Und: Es stimmt! Als ich diese Zeilen schreibe, sitze ich nicht so verkrampft wie sonst am Schreibtisch, sondern achte auf eine aufrechte Haltung und korrigiere mich immer wieder selbst. Auch habe ich das Gefühl, dass ich viel gerader laufe und mehr Selbstbewusstsein ausstrahle. So kommt es, dass ich seitdem versuche, mindestens einen der beiden Kurse zu machen, manchmal sogar beide, wenn es der Kalender erlaubt. Mich hat die Todesstellung zum Leben erweckt! Okay, das war jetzt ein bisschen sehr dick aufgetragen, aber mein Urteil fällt durchweg positiv aus.

Das Däfler-Test-Ergebnis

Fun-Faktor:	★★★★☆	Absolut vorhanden. Ich habe mich stets auf die Kursstunden gefreut, was unter anderem auch an der netten Art meiner beiden Lehrerinnen und der lockeren Kursatmosphäre gelegen haben mag. Jedenfalls war es nicht ansatzweise so ernst, wie ich mir das vorgestellt hatte.
Kosten:	★★★★☆	Überschaubar. Hängt natürlich davon ab, ob man Yogakurse im Fitnessstudio macht (wo man vielleicht ohnedies schon Mitglied ist) oder einen extra Kurs bucht. Jedenfalls nicht zu teuer.
Durchführbarkeit:	★★★★☆	Keine Volkshochschule, die nicht einige Yogakurse zur Auswahl hätte. Dazu in jeder Kleinstadt etliche Privatanbieter. Selbst auf Helgoland kann man Yoga machen. Wer möchte, sogar kostenlos, online.
Zeitbedarf:	★★★★☆	Keine tagfüllende Aktivität, aber je nach Anfahrtsweg braucht man schon ein bisschen Zeit. Alternative: zu Hause allein – da kann man auch mal nur 20 Minuten machen.

Eignung:	★ ★ ★ ★ ★	Wirklich für jedermann geeignet. Alter, Gewicht, Bildung, soziale Herkunft – alles kein Hindernis. Sogar Linkshänder und Schwangere können mitmachen.
Nachhaltigkeit:	★ ★ ★ ★ ★	Für mich definitiv und uneingeschränkt gegeben. Bislang ist kein Tag vergangen, an dem ich nicht mindestens einmal an bestimmte »Empfehlungen« aus dem Yoga gedacht hätte.
Ergebnis	26 von 30 ★	

TEST 14

Entschlackungskur – man muss auch loslassen können

Ich sitze bei meinem Friseur und muss noch ein bisschen warten, bis Murrat Zeit für mich hat. Ein Besuch bei meinem türkischen Hairstylisten gleicht stets einem Ausflug nach Izmir. Im überdimensionalen Flachbildfernseher an der Wand läuft irgendeine anatolische Soap – natürlich in einer Lautstärke, die auch Gehörlose wahrnehmen können. Das Personal unterhält sich untereinander in der Landessprache, und zwar mit 75 Dezibel. Schließlich gilt es ja, die dramatische Liebesgeschichte aus dem TV zu übertönen. Dies ist allerdings nicht so leicht, denn gleichzeitig dudeln aus mehreren Deckenlautsprechern osmanische Volkslieder (Melodie »Katze auf den Schwanz getreten«), sodass sich der Geräuschpegel im Kölner Hauptbahnhof dagegen ausnimmt wie bei einer Beisetzungsfeier.

Jedenfalls nutze ich die Wartezeit, um in den ausliegenden Magazinen zu blättern. Es handelt sich allesamt um ältere Ausgaben einschlägiger Fachzeitschriften: Brigitte, Elle, Für Sie und bella. Egal, welches Blatt ich in die Hand nehme, in der Rubrik »Gesundheit« begegnen mir stets Begriffe wie »Detox«, »Entschlackung« und »Fasten« – es wird von den vielfältigsten positiven Wirkungen auf Körper und Seele berichtet. Ein Gefühl der Leichtigkeit und Gelassenheit würde sich nach einer solchen Kur einstellen. Gebongt! Das muss ich auch ausprobieren.

Nachdem mir Murrat mit seinen flinken und geschickten Händen in weniger als einer Viertelstunde einen flotten Schnitt (das Deckhaar bitte lang lassen und an den Seiten sieben Millimeter mit der Maschine) verpasst hat, schlendere ich durch die Fußgängerzone nach Hause. Dort gebe ich den Begriff »Entschlackung« auf Google ein und erhalte 575.493 Suchergebnisse. Wenn ich mir die alle anschauen würde, ohne zwischenzeitlich den Platz am Rechner zu verlassen, wäre ich sicherlich entschlackt. Aber so viel Zeit habe ich nicht. Jede Reise beginnt mit dem ersten Schritt. So wende ich mich dem ersten Treffer zu.

Instant-Entschlackung: 18 Flaschen à 320 ml für 79,90 Euro!

Nichts weniger als den »direkten Weg zur Gesundheit« verspricht die Seite eines Anbieters aus Osnabrück. Eine Entschlackungskur sei keine Crashdiät, durch die man in drei Tagen 27 Kilo abnehme, sondern eine gesunde Kur, die den Körper reinigt und nach der man sich »mit Sicherheit« frischer, leichter und unbeschwerter fühlen würde. Das »Kurpaket« besteht aus 18 kaltgepressten Säften und würde mich drei Tage lang topfit halten. Die Saftkur sei perfekt auf die Bedürfnisse meines Körpers (woher die wohl meinen Körper kennen?) abgestimmt und würde mich sechsmal täglich mit allen wichtigen Nährstoffen versorgen. Die Flaschen à 320 ml – natürlich ohne Zusatzstoffe – haben eine Lieferzeit von zwei Werktagen und ich kann das Lieferdatum flexibel im Check-out-Prozess auswählen. Check-out-Prozess! Wow! Wie am Flughafen. Allerdings: Die 18 Flaschen kosten 79,90 Euro, zuzüglich Versand.

Das muss doch billiger gehen. So suche ich weiter. Auf der in Fachkreisen hoch angesehenen Quelle womenweb.de werde ich fündig. Dort gibt es einen Ernährungs-Entschlackungs-Plan für drei Tage. Er setzt nicht auf Drinks, sondern auf Handfestes zu essen: Es gibt einen Reistag, einen Südfrüchtetag und einen Gemüsetag. Ich betrachte die Einkaufsliste. Diese umfasst in ausgedruckter Form 17 DIN-A4-Blätter mit Zutaten, die ich besorgen müsste. Ne, das ist mir echt zu aufwendig. Dann vielleicht doch lieber irgendwelche Shakes oder Smoothies.

Was haben wir denn da? Eine Seite mit Rezepten für »leckere« Entgiftungs-Smoothies, wie etwa den »Frohe Leber Bitter-Smoothie«. Wusste gar nicht, dass meine Leber auch Gefühle haben und froh sein kann. In der Beschreibung heißt es: »Lust auf etwas Bitteres zur Anregung der Verdauung? Chicorée enthält zum Beispiel Intybin. Dieser Bitterstoff fördert die Verdauung. Er regt die Bildung von Magensaft und Pankreassaft an und so die Verwertung von Lebensmitteln.« Mir dreht sich allein beim Lesen der Magen um. Intybin! Klingt nach Rattengift und schmeckt wahrscheinlich nach gehäckseltem Meerschweinchen. Dann vielleicht lieber den »Ich bin glücklich – scharf-pikanter Smoothie«? Die Aussicht, bereits zum Frühstück ein Getränk in mich hineinzuschütten, das aus folgenden Zutaten besteht, verursacht mir allerdings einen unmittelbaren Würgereiz: Basilikum-, Rosmarin- und Thymianblätter, Tomaten, Frühlingszwiebeln, Knoblauchzehen und Chilischoten. Nicht weniger eklig klingt die Beschreibung des »dunkelgrünen süßen Algen-Smoothies«, dessen Grundlage die Mikroalge »Chlorella« ist, die vor allem wegen der Glykoproteine so wirksam sei. Kotzen könnte ich, wenn ich mir nur vorstelle, mir ein solches Algengesöff reinziehen zu müssen.

Ich gehe erst mal in die Speisekammer und hole mir eine Tafel Vollnuss-Krokant-Schokolade. Schokolade soll ja auch eine wohltuende Wirkung auf den Körper haben. Außerdem: Solange Kakaobohnen an Bäumen wachsen, ist Schokolade auch irgendwie Obst.

Dermaßen gestärkt mache ich mich weiter an die Recherche. Nach einer halben Stunde der Durchbruch: Auf freundin.de* werde ich fündig. In der Einleitung heißt es »Smoothies aus pürierten Früchten genügen, um sich leichter zu fühlen und neue Kraft zu tanken. Was Sie dafür brauchen? Unsere unkomplizierten Rezepte.«

Genau mein Ding – unkomplizierte Rezepte. Ganz so simpel wie versprochen sind die Rezepte dann doch nicht, zumindest nicht die Beschaffung der Zutaten. Für den »gutgelaunten Kiwi-Postelein-Smoothie« (warum tragen diese Getränke eigentlich so bekloppte Namen?) benötigt man eine Handvoll Postelein. Der »kräftigende Rote-Bete-Pak-Choi-Smoothie« bedarf eines kleinen Pak Choi. Und der »muntere Gojibeeren-Feldsalat-Smoothie« geht nur mit einer halben Handvoll Gojibeeren. Was um Himmels willen sind Postelein, Pak Choi und Gojibeeren? Hab ich damals im Biologieunterricht nicht aufgepasst, als wir exotische Pflanzen, die zur Nahrungsaufnahme geeignet sind, durchgenommen haben?

---

* Vgl. http://www.freundin.de/kochen-diaet-abnehmen-diaet-abnehmen-kann-so-lecker-sein-smoothie-rezepte-241770.html

Nun gut, ich lese weiter: »Die leckeren Drinks sind reich an Ballaststoffen, was den Anstieg des Blutzuckerspiegels verlangsamt und so länger satt hält. Weiteres Plus: Der Appetit auf Ungesundes nimmt ab. Wir raten zu einer Zwei-Tage-Kur, bei der Sie die Mahlzeiten durch drei Säfte (à ca. 500 ml) am Tag ersetzen, die Sie ganz nach persönlichem Geschmack aus den Rezepten auswählen und über den Tag verteilt zu sich nehmen können.«

Aus dem Angebot an Rezepten muss ich mir also sechs heraussuchen. Ich tue mich schwer, mich überhaupt für eines zu entscheiden. Sobald ich nämlich die Zusammensetzung genauer studiere, vergeht mir die Lust darauf, so etwas freiwillig zu konsumieren. So wirkt die Kombi getrocknete Datteln mit Petersilie auf mich in etwa so attraktiv wie mit Senf gefüllte Plundertaschen. Vielleicht doch keine so gute Idee, eine Entschlackungskur zu machen? Na ja – für so einen Selbsttest muss man sich auch mal kulinarisch quälen. Meine Wahl:

1. Der sanfte Apfel-Fenchel-Smoothie
2. Der schokoladige Beeren-Kakao-Smoothie
3. Der verjüngende Petersilien-Mango-Smoothie
4. Der sommerliche Apfel-Melonen-Smoothie
5. Der erfrischende Gurken-Kiwi-Smoothie
6. Der tropische Mango-Ananas-Smoothie

Als ich meiner Frau abends die Liste zeige, meint sie nur, ich könne mir doch statt der verschiedenen Smoothies sechsmal den »verjüngenden Petersilien-Mango-Smoothie« gönnen – den hätte ich am nötigsten. Wie witzig! Zur Strafe für ihre freche Bemerkung wird sie die Kur mit mir machen. Zudem muss sie die Einkaufsliste erstellen, denn mir ist klar, dass es für mich eine zu große Herausforderung wäre, mir aus den einzelnen Rezepten die Ingredienzen rauszuschreiben und danach in eine sinnvolle Struktur zu bringen. Das Anfertigen meiner Dissertation war im Vergleich mit dem Zusammenstellen der Einkaufsliste eine Aufgabe für Vorschüler.

Drei Stunden später ist Frau Gemahlin mit der Einkaufsliste fertig. Von Apfel bis Zitrone ist so ziemlich jede Obstsorte vertreten, die zu beschaffen ist. Hinzu kommen diverse Kräuter – Koriander, Kresse und Minze – sowie andere Zutaten, die einen Gang in den Feinkostladen unumgänglich machen werden, etwa Kokoswasser und Mandelmilch. Es wundert mich, dass weder Kamelmilch noch Stachelannonen benötigt werden.

Theoretisch wäre ich damit startklar. Was noch fehlt, ist ein Termin, wann ich die Zwei-Tage-Kur mache. Im Kalender entdecke ich für die nächsten Wochen keinen einzigen Zeitraum, an dem ich mal zwei Tage am Stück durchgängig zu Hause wäre. Entweder habe ich Vorlesungen, Vorträge oder andere Geschäftstermine, die es mir unmöglich machen würden, meinen Ernährungsplan konsequent umzusetzen. Ich sehe das als ein Zeichen des Himmels und sage meiner Gattin, dass das Projekt Entschlackungskur wegen terminlicher Restriktionen leider auf unbestimmte Zeit verschoben werden muss.

»Wieso?«

»Schau, meine Hübsche, wenn man eine solche Kur macht, dann muss dazu auch die nötige Ruhe sichergestellt sein. Und die habe ich nicht, wenn ich von Termin zu Termin hetze.«

»Das ist doch nur eine faule Ausrede. Du willst dich nur drücken.«

»Nö, will ich gar nicht. Aber stell dir doch mal vor, wenn ich beim Kunden bin und mittags mit ihm in die Kantine gehe. Alle anderen schnabulieren dann Sauerbraten oder Gulasch und ich hole meine Thermoskanne mit so einem Biogesöff raus.«

»Zeig mal deinen Kalender her!«

Mist, damit hatte ich nicht gerechnet. Frau Däfler überfliegt meinen Outlook-Kalender und hat gleich in der nächsten Woche eine Gelegenheit entdeckt. Dienstags habe ich nur abends eine Vorlesung, ansonsten überhaupt keine Termine, und das Kundengespräch am Mittwoch finde ja von 15 bis 16 Uhr statt – da stehe mit Sicherheit im Anschluss kein Mittagessen an. Ich gebe mich geschlagen. Für mein Täuschungsmanöver muss ich Buße tun und bekomme aufgetragen, sämtliche Zutaten zu besorgen.

Es würde den Rahmen dieses Buches sprengen, würde ich von meinem Einkaufserlebnis in der eigentlich gebotenen Ausführlichkeit berichten. Es sei nur so viel gesagt: Mehrere Stunden im Großmarkt, im Bioladen, bei Edeka und Feinkost Frank haben mir gezeigt, dass es in deutschen Lebensmittelgeschäften so ziemlich alles zu kaufen gibt, was auf diesem Planeten wächst und gedeiht. Bis man allerdings genau das in seinem Korb hat, was man benötigt, kann einem schon mal ein Vollbart wachsen: »Nein, marokkanische Minze haben wir nicht, aber ich hätte da die Rote Raripila-Minze.

Die ist wunderbar süßlich.« Will ich aber nicht, weil im Rezept »marokkanische Minze« steht, und wenn ich die nicht nehme, dann ist vielleicht der Erfolg der ganzen Aktion infrage gestellt. Dann werde ich nicht »locker« und »gelöst«, sondern verkrampft und verbissen, werde zum Smoothie-Zombie, der alle Nicht-Veganer allein mit seinem fauligen Mundgeruch tötet. Und so muss ich im nächsten Laden nach der erforderlichen Minze fahnden.

Irgendwann jedenfalls ist auch der letzte Posten auf der 2,40 Meter langen Liste gestrichen. Ich breite meine Einkäufe in der Küche aus. Damit könnte ich sofort meinen eigenen Laden eröffnen. MartinsMegaMarkt für frische Früchte? Ich verstaue meine Beute ordentlich im Kühlschrank und setze mich nach den vollbrachten Anstrengungen mit einer Flasche Kellerbier und einer Tüte Honig-Salz-Nüsse in meinen Sessel. Noch darf ich ja. Schließlich soll mein Körper auch ordentlich was zu entschlacken haben.

Und dann ist er da: Tag 1 meines Entschlackungsselbstversuchs. Um 06:03 Uhr stehe ich schlaftrunken in der Küche und stelle die Zutaten für den »schokoladigen Beeren-Kakao-Smoothie« zusammen: Erdbeeren, Heidelbeeren, Bananen, zwei Esslöffel Kakaopulver und einen halben Liter Mandelmilch. Ich gebe die einzelnen

Bestandteile der Reihe nach in eine Tupperschüssel. Was eben noch sehr appetitlich aussah, verwandelt sich in Sekundenschnelle unter Einsatz des Zauberstabs in eine braune, zähflüssige Masse. Ich habe das Gefühl, Durchfall herzustellen. Auf was habe ich mich da nur eingelassen!

Ich fülle die gequirlte Kacke in zwei große Gläser und serviere sie meiner Frau: »Hier, deine beiden Drinks für einen gelassenen Start in den Tag.«

»Einer davon ist für dich, Martin!«

»Du, Schatz, mir ist irgendwie so komisch im Magen, ich glaub, ich brauch jetzt erst mal eine gute Grundlage, ein Leberwurstbrot oder so.«

Die Mimik meiner Allerliebsten lässt keine Interpretationsspielräume zu. Mit geschlossenen Augen nehme ich den ersten Schluck. So abstoßend der Smoothie aussah, so schlecht schmeckt er – nicht! Angenehm überrascht, setze ich zum zweiten Schluck an. Schmeckt nach Beeren und Kakao. Nur die Süße fehlt. Als meine Frau Richtung Bad abwandert, kippe ich mir schnell zwei Esslöffel Zucker in den Smoothie. Ah, jetzt kann man's genießen.

Um die Mittagszeit wäre eigentlich der nächste Entgiftungsdrink an der Reihe, doch komischerweise habe ich überhaupt keinen Hunger – die Beeren-Bananen-Kombi ist echt sättigend. Am Nachmittag jedoch beginnt mein Magen zu knurren. Ich bin gerade damit beschäftigt, einen Workshop vorzubereiten, und möchte jetzt ungern unterbrechen, um in der Küche Kräuter und Obst im Mixer zu einem Smoothie zu verarbeiten. Ist mir zu aufwendig. Meine Frau ist ja auch nicht da.

Zwei Balisto und eine halbe Packung Pringles später sitze ich wieder zufrieden am Schreibtisch und widme mich der Arbeit. Die Zeit vergeht viel zu schnell und schon ist es 18 Uhr. Meine Frau kommt heim und ich begrüße sie wie üblich mit einem Kuss.

»Martin, du schmeckst nach BBQ-Chips und hast Schokoflecken im Mundwinkel.«

»Ich, ähm, also, ich kann das …«

»Spar dir deine Ausreden. Zur Strafe wird die Kur um einen Tag verlängert. Und jetzt schließe ich alle Naschsachen weg und du machst den sanften Apfel-Fenchel-Smoothie.«

Frauen können aber auch hart sein!

Der abendliche Smoothie schmeckt wie Hustensaft. Nach drei Schlucken stellt sich ein heftiger Würgereiz ein. Blitzschnell schießt es mir durch den Kopf: Wenn ich jetzt aufs Klo renne und laut, sehr laut, simuliere, mich zu übergeben, dann hätte sie vielleicht ein Einsehen und würde mir zugestehen, das Experiment abzubrechen.

»Ich muss mal ganz schnell …« – ich vollende meinen Satz nicht und hechte auf die Gästetoilette, wo ich mein schauspielerisches Talent weiter kultiviere. Ich steigere mich in ein Stöhn-Rülps-Würg-Crescendo hinein, wie man es noch nicht gehört hat. Nach ein paar Minuten schlurfe ich mit hängenden Schultern und leidvoller Miene zurück ins Esszimmer.

»Wie siehst du denn aus? Was machst du nur, mein Liebling!« Ich werde in den Arm genommen und kann mir ein fettes Grinsen nicht verkneifen, das Frau Gemahlin Gott sei Dank nicht sieht.

»Du, weißt du was, wir lassen das mit den Smoothies sein, wenn die dir nicht bekommen«, meint sie teilnahmsvoll.

»Meinst du wirklich? Ich hatte gerade so Gefallen daran gefunden. Nur mein Verdauungstrakt sieht das offenbar anders.«

Ich jubiliere innerlich, habe aber dennoch ein schlechtes Gewissen. Einerseits weil ich meiner Frau was vorgespielt und andererseits weil ich das nicht durchgezogen habe. Allerdings muss man sich ja nicht über Gebühr kasteien. Warum Zeugs in sich hineinschütten, wenn einem der Körper klar signalisiert, dass er das nicht möchte? Somatische Intelligenz nennt sich das. Der Körper weiß schon, was gut für einen ist. Also muss ich mir vielleicht doch nicht so negative Gedanken machen? Leicht reumütig fälle ich mein Urteil.

Das Däfler-Test-Ergebnis

Fun-Faktor:	★☆☆☆☆	Nur einen Stern, weil höchstens das Einkaufen Spaß gemacht: als ich an verschiedenen Probierständen in den einzelnen Läden ein paar leckere Häppchen abstauben konnte.
Kosten:	★★☆☆☆	Ich dachte ja, die fertigen Angebote im Internet wären teuer, aber wenn ich addiere, was ich für die Zutaten so alles ausgegeben habe, dann ist das in etwa gleich viel – und das ist nicht wenig.
Durchführbarkeit:	★★★★☆	Prinzipiell überall und jederzeit, wenn man ein entsprechend großes Angebot an Märkten und Geschäften hat, um die erforderlichen Zutaten zu besorgen. Ansonsten halt im Internet bestellen.
Zeitbedarf:	★★★☆☆	Morgens ein Marmeladenbrot zu schmieren, geht bedeutend schneller, als einen Smoothie aus 27 Zutaten zuzubereiten. Aber im Vergleich zu Rouladen oder anderen Hauptmahlzeiten lässt sich ein Entschlackungsdrink um einiges flotter fabrizieren.
Eignung:	★★★★☆	Wenn man nicht gerade unter irgendwelchen Allergien oder Nahrungsmittelintoleranzen leidet, kann das jeder machen.
Nachhaltigkeit:	★★★★☆	Hier gebe ich mehr Punkte, als Sie vermutlich erwarten. Warum? Weil ich mich nach dem einen Tag, an dem ich die anderthalb Smoothies getrunken hatte, tatsächlich leichter fühlte. Seitdem achte ich darauf, öfter mal Obst zu essen, was mir wirklich guttut.
Ergebnis	18 von 30 ★	

TEST 15

Vortragsabend – unverzagt in die Zukunft

»Du kannst unmöglich in Flipflops zu dem Vortrag gehen«, ermahnt mich meine Frau.

»Doch, das kann ich wohl. Der Pater läuft schließlich auch immer in Sandalen rum«, entgegne ich.

Sie rollt mit den Augen und verzichtet auf eine weitere Diskussion, weil sie genau weiß, dass ich in puncto Schuhwerk kompromisslos bin.

Der Vortrag, den ich besuchen will, trägt den Titel »Lust zum Leben«. Referent ist ein bekannter Pater. Im Einladungstext heißt es: »Es gibt heute viele Menschen, die vor lauter Sich-Absichern das Leben versäumen. Oft sind Ängste und Bedenken, was alles geschehen könnte, der Grund, dem Leben auszuweichen, anstatt es anzupacken. In dem Vortrag geht es darum, dass nicht Bedenken und Ängste in unserm Leben überwiegen sollen, sondern die Unverzagtheit, etwas anzupacken und zu wagen. Wir sollen die eigenen Grenzen nicht zu eng stecken. Nur dann werden wir erfahren, wozu wir fähig sind.«

Einlass ist um 18:30 Uhr. Vermutlich liegt es an der freien Platzwahl, dass es in der Tiefgarage chaotisch zugeht – jeder will frühzeitig da sein, um sich einen guten Sitzplatz zu sichern. Mittelklassewagen mit Kennzeichen aus dem gesamten Rhein-Main-Gebiet bekämpfen sich bei der Suche nach einer Abstellmöglichkeit. Von Gelassenheit der zugehörigen Fahrer keine Spur. Na ja, vielleicht wird es bei der Ausfahrt dann etwas entspannter, wenn alle beseelt von den Gedanken des Paters friedvoller miteinander umgehen.

Der Vortrag findet in einer Stadthalle statt, wie sie es zu Dutzenden in Deutschland gibt – architektonisch damals in den 80er-

Jahren echt hipp. Heute? Nun, sagen wir es so: Der Zeitgeschmack ändert sich. Der Saal ist schon mehr als zur Hälfte gefüllt, doch es ist wie in der Kirche, Schule oder in meinen Vorlesungen: Ganz vorne will niemand sitzen. Ich kenne da keine Scheu und nehme in der ersten Reihe ganz außen Platz. So höre und sehe ich jedenfalls gut. Außerdem ist es, wie im Flieger am Notausgang zu sitzen – mehr Beinfreiheit. Bis der Vortrag beginnt, schaue ich mich im Publikum um. Zweifelsfrei senke ich den Altersdurchschnitt, der bei geschätzten 58,7 Jahren liegen dürfte. Sehr viel Grau ist zu sehen. So gut wie keine jungen Leute sind zu entdecken, außer jene von der Kirchengemeinde, welche die Eintrittskarten kontrollieren. Viele Paare, aber auch etliche Unbegleitete erblicke ich; die Frauen sind in der Mehrzahl. Hinter mir doziert eine ungefähr 65-jährige Dame mit der Lautstärke eines startenden Düsenjägers über die Todsünden. Wie erbaulich! Neben mir erörtern zwei Herren weltlichere Themen: die anstehenden Champions-League-Begegnungen. Etwas weiter hinten bedient sich eine Dame mit einer knallroten Rudi-Rentier-Nase gerade aus einer Thermoskanne. Und das bei diesen sommerlichen Temperaturen! Was da wohl drinnen sein mag? Glühwein? Grog? Jagertee?

Allmählich füllt sich der Saal, kurz vor halb acht ist auch der letzte Platz besetzt. Pünktlich betritt der Kirchengemeindevorstand die Bühne, auf der lediglich ein Rednerpult und ein Blumengesteck stehen. Aus Kunstpflanzen! Deutlich merkt man dem Begrüßungsredner seine Nervosität an, als er den Ehrengast und die 780 Gäste willkommen heißt. Dann betritt der Pater das Podest. Er hat etliche Bücher geschrieben und es zu einigem Ruhm gebracht. Den versilbert er allerdings nicht, zumindest bewegt sich der Eintrittspreis für heute Abend mit drei Euro auf dem Niveau eines Freibadbesuches.

Mein erster Eindruck: Der Protagonist aus Edgar Wallace' Thriller *Der Mönch mit der Peitsche* lebt noch und steht nur zehn Meter entfernt von mir. Gut, das ist etwas despektierlich, aber in seiner braunen Kutte, mit seinem wallenden grauen Vollbart und seiner Halbglatze entspricht er ja nun auch wirklich dem Klischee. Mit ruhiger Stimme erklärt er, dass er in den folgenden 60 Minuten über drei Punkte sprechen wird, nämlich über die Angst, das Leben zu versäumen, über die Sinnlosigkeit, die viele Menschen in ihrem Leben sehen, und über die Spiritualität, die uns zurück ins Leben führen kann. Ein Manuskript hat er nicht; er wird die nächste Stunde völlig frei parlieren.

Natürlich überrascht es nicht, dass er als katholischer Würdenträger gleich zu Beginn aus dem Markus-Evangelium zitiert und die Stelle danach für die nicht ganz so bibelfesten Besucher interpretiert: Es gibt kein Leben ohne Verletzungen. Stell dich dem Leben und forme es. Yo – das ist jetzt noch nicht so wirklich die Brüller-Erkenntnis, also warte ich mal ab, was er als Nächstes zu verkünden hat. Wer Sinn in seinem Leben sehe, der sei motiviert. Wir sollten unsere Opferrolle verlassen und jene segnen, die uns Böses antun. Puh, einfach dürfte das in der Realität nicht sein. Soll ich etwa meinem Nachbarn, der – ich weiß es genau – immer wieder meine Zeitung aus dem Kasten klaut, zurufen: »Seien Sie gesegnet, lieber Herr Huber, dass Sie mir meine Morgenlektüre rauben«? Es bleibt keine Zeit zum Nachdenken, denn schon schneidet der Benediktiner das nächste Thema an: Viele Menschen würden die Spiritualität zur Flucht aus dem realen Leben nutzen, hin zur »Grandiosität«. Sorry, aber was er damit genau gemeint hat, habe ich nicht gepeilt. Dann kommt eine Metapher, die mich das erste Mal wirklich aufhorchen lässt: »Das Wasser sucht immer den tiefsten Punkt.« Wasser sei in diesem Fall ein Synonym für die Liebe Gottes, auf die wir uns immer verlassen könnten, und zwar besonders dann, wenn es uns richtig dreckig gehe.

Und schon geht's weiter im bunten Themenreigen. Jetzt knöpft sich der Pater die Lebensmitte vor, in der die meisten Menschen eine Sinnkrise erleben und einen Veränderungsdrang verspüren würden. Veränderung jedoch sei immer aggressiv. Die christliche Antwort darauf sei die Verwandlung. Worin der Unterschied zwischen beiden Begriffen besteht, erschließt sich mir leider nicht. Das tut auch nichts zur Sache, weil bereits die nächste Erkenntnis verkündet wird: »Es geht nicht darum, Versäumtes nachzuholen.« Man solle sich aussöhnen mit dem nicht gelebten Leben, was insbesondere für ältere Menschen gelte. Außerdem sei es nie zu spät, das Leben anzufangen, das man leben wolle. Endlich mal eine klare Ansage, die ich sofort unterschreiben kann.

Ich rechne nach: Drei Punkte hatte er angekündigt, mittlerweile ist bestimmt schon der siebte Themenkomplex angesprochen worden. Und dabei soll es nicht bleiben, da es nun um Psychopharmaka geht. Das Publikum lacht zum ersten Mal, als der Pater meint, für junge Menschen sei es besser, zu ministrieren, als Ritalin zu schlucken. Irgendwie schafft er es, eine Überleitung zum Thema Schwellenangst herzustellen. Wir alle hätten Angst vor Höhen und Tiefen, doch das müssten wir gar nicht, schließlich hätte der christliche Glaube eine Antwort parat, nämlich: Hoffnung. Nur leider bleibt er eine Antwort schuldig, wie es einem gelingen kann, in aussichtslosen Situationen Hoffnung zu schöpfen.

Die Botschaft lautet: Heilung geschieht nie ohne eigenes Zutun.

Wir biegen auf die Zielgerade ein, es ist 20:28 Uhr, in zwei Minuten soll offiziell Ende sein. Neidlos muss ich anerkennen: Zeitmanagement beherrscht der Benediktinerpater. Zum Schluss zitiert er Johannes 5,2-18: »Steh auf, nimm dein Bett und geh hin!« Hä? Ich habe doch gar kein Bett dabei! Ach so. So wörtlich war's ja nicht gemeint. Die Botschaft lautet: Heilung geschieht nie ohne eigenes Zutun. Wir sollten innere Blockaden überwinden. »Zaudern Sie nicht« – mit diesen Worten schließt der Geistliche seinen Vortrag. Längerer, jedoch kein frenetischer Applaus. Ist ja auch nicht Justin Bieber, der da gerade aufgetreten ist. Und sind auch keine schmachtenden Teenies im Publikum.

Eine Viertelstunde sei nun noch Zeit für Fragen. Zunächst traut sich niemand, die Hand zu heben. Schließlich meldet sich eine Frau und will wissen, wie er persönlich auf kriegerische Auseinandersetzungen reagiere. Ich wüsste jetzt ehrlich gesagt nicht, wie das gemeint ist und wie ich darauf antworten sollte. Aber ich bin ja auch nicht der Pater, der ist schließlich Vollprofi und meint, Krieg sowie Hass seien immer Ausdruck von Minderwertigkeitsgefühlen und mangelnder Identität. Sodann steht eine Dame – ich schätze: etwa Mitte 50 – auf und stellt sich vor: »Wir kennen uns vom Friedenskongress 2006 in Bad Soden.« Wie bitte? Das ist mehr als zehn Jahre her. Der Pater hat seitdem bestimmt zu mehreren Zehntausend Menschen gesprochen und da soll gerade sie ihm in Erinnerung geblieben sein? Das nenne ich mal Selbstbewusstsein. Wie auch immer, sie will wissen, wie viele Bücher sie pro Jahr lesen solle. Habe ich das richtig verstanden? Offensichtlich ja, denn leicht verdutzt wiederholt der Hauptredner des heutigen Abends die Frage, um sie sodann diplomatisch zu beantworten. Das könne man so nicht sagen, man könne alles übertreiben. Lesen tue immer gut, man würde in eine andere Welt abtauchen.

Leicht esoterisch wird es, als sich jemand danach erkundigt, wie er sich die Seele des Menschen vorstelle. Mit der Antwort kann ich nichts anfangen: »Die Seele ist die Verbindung zu anderen Menschen und die Offenheit für Gott.« Über diese Aussage muss ich später nochmals in Ruhe nachdenken, vielleicht bekomme ich bei einem Glas Rotwein ja eine Eingebung und verstehe dann mehr. Ebenso nebulös ist die Replik auf die Frage, was er von Astrologie halte, ob sich diese nicht gegen Gott richten würde. Das könne man so nicht sagen, es komme – siehe oben – immer auf das rechte Maß an.

Damit ist die Fragerunde auch schon abgeschlossen, und der Benediktinerpater bittet uns, aufzustehen und die Hände zu öffnen, so als ob uns jemand etwas hineinlegen möchte. Er meint, dass Gott alles zum Segen werden lassen kann, und erläutert die christliche Meditation der fünf Wunden Jesu. Dann spricht er ein 1600 Jahre altes Gebet und schließt mit der Aussage, dass Gott jedem Menschen etwas in die Hand gelegt habe und dass wir dafür dankbar sein sollten. Als Zeichen der Dankbarkeit wird dem Gastredner eine Kiste »Hohes C« und ein Glas Honig überreicht – von beidem wisse man, dass er es möge. Noch während des Schlussapplauses verlasse ich den Saal, denn ich will einer der Ersten sein, die die Tiefgarage verlassen, und nicht stundenlang im Ausfahrtstau stehen.

Auf der Rückfahrt lasse ich den Abend Revue passieren. Was hat er mir gebracht? Hmm, also ganz ehrlich: Begeistert bin ich nicht. Weder habe ich völlig neue An- oder Einsichten erlangt noch ist irgendwie ein Gefühl des inneren Friedens in mir aufgestiegen. Manches habe ich auch gar nicht gerafft. Obwohl der Pater mit sonorer, ruhiger, ja fast völlig unmodulierter Stimme gesprochen und ein gemächliches Sprachtempo an den Tag gelegt hat, wurden unterschiedlichste Themen im Stakkato angeschnitten. Für meinen Geschmack war der inhaltliche Blumenstrauß viel zu bunt, eine klare Botschaft hat gefehlt.

Keine Frage – dem, was ich verstanden habe, kann ich nicht widersprechen. Es waren aber auch überwiegend Allgemeinplätze. Erstaunlicherweise basierten seine Ausführungen nur zu einem geringen Teil auf Bibelstellen. Dafür hat er nicht mit Zitaten aus allen Epochen gegeizt: Cicero, Albert Schweitzer, Ernst Bloch, Hildegard von Bingen, C. G. Jung, Verena Kast, Viktor Frankl und seine Mutter hat er zitiert. Gefallen hat mir, dass er seine Ausführungen mit einer Fülle von Beispielen angereichert hat, die stets nach dem gleichen Muster formuliert waren: »Eine Frau/ein Mann erzählte mir …« Dennoch muss ich im Ergebnis feststellen, dass sich der Praxisnutzen in sehr engen Grenzen hielt. Kein einziger Gedanke, den ich im Alltag direkt umsetzen könnte. Vielleicht sehe ich das auch zu profan. Möglicherweise bin ich ein zu pragmatischer Mensch, um einen Gewinn aus diesem Vortrag zu ziehen. Vermutlich sollte ich mal einen Friedenskongress mit dem Pater besuchen – dann hätte ich eventuell einen anderen Zugang zu seinen Thesen.

Das Däfler-Test-Ergebnis

Fun-Faktor:	☆☆☆☆☆	Fehlanzeige. Das war eine absolut seriöse Veranstaltung und hatte für mich den Unterhaltungswert einer Reportage über japanische Rötelmäuse.
Kosten:	★★★★★	Also für drei Euro ist der Vortrag super günstig. An manchen Orten kostet schon ein Bier mehr.
Durchführbarkeit:	★★★★☆	Der Pater bietet etliche Vorträge an. Er ist im gesamten deutschsprachigen Raum unterwegs, sodass er früher oder später wohl auch in Ihrer Nähe sein dürfte.
Zeitbedarf:	★★★☆☆	Überschaubar. Je nachdem, wie weit der Veranstaltungsort von Ihrem Zuhause entfernt ist, dürfte die Fahrzeit der Hauptfaktor sein. Der Vortrag mit Diskussion dauert gerade mal 75 Minuten.
Eignung:	★★★☆☆	Eigentlich für jedermann geeignet. Allerdings braucht es schon eine gewisse Bildung, um den Ausführungen folgen zu können. Zudem sollte man offen für christliche Botschaften sein; ist ja auch nicht jedermanns Sache.
Nachhaltigkeit:	☆☆☆☆☆	Sorry, bei mir definitiv nicht gegeben. Ich bereue nicht, mir den Vortrag angehört zu haben, allerdings verspürte ich weder unmittelbar danach noch später irgendeine Wirkung.
Ergebnis	15 von 30 ★	

TEST 16

Fischiküre – Gelassenheit fängt ganz unten an

Diese Entspannungsmethode schien mir zunächst ein bisschen komisch. Aber Diana hatte gemeint, dass es nichts Besseres zum Entspannen gebe als eine Fischiküre. Eine was? Als meine Freundin mir das vorschlug, muss ich geschaut haben wie ein Reh vor dem Bierlaster – ziemlich verdattert. Die Erklärung folgte sogleich: Eine Fischiküre ist eine Pediküre mit Fischen. Aha. Gibt es vielleicht auch eine Maniküre mit Moorenten, ein Waxing mit Waschbären oder ein Peeling mit Pinguinen? Warten da eventuell lukrative Geschäftsideen auf mich, die bislang noch niemand entdeckt hat?

Jedenfalls greife ich Dianas Vorschlag auf und mache mich im Internet kundig. Ich erfahre, dass bei der Fisch-Pediküre kleine, etwa fünf Zentimeter große Kangalfische (dem aquatisch interessierten Leser selbstverständlich auch bekannt als die »Rote Saugbarbe«) zum Einsatz kommen. Die Füße werden für etwa eine halbe Stunde in ein angenehm warmes Fußbad getaucht, in dem sich die Kangalfische tummeln. Diese fangen unmittelbar mit der Fisch-Pediküre an. Dabei knabbern sie die obersten, abgestorbenen Hautschuppen ab. Dieses natürliche Peeling soll zu einer zarten und weichen Haut an den Füßen führen. Zudem werde das Knabbern als angenehmes, zartes »Kitzeln« empfunden, was den Entspannungsfaktor der Fisch-Pediküre zusätzlich steigern würde. Na also – Entspannung! Darum geht es mir ja.

Ich recherchiere, ob es in meiner Nähe Anbieter solcher nicht ganz alltäglicher Pediküren gibt. Tatsächlich: In einem Vorort von Frankfurt haben die eigentlich aus der Türkei und Indonesien stammenden Kangalfische eine Heimat gefunden. Das Unternehmen verspricht auf seiner Website: »Fischiküre wirkt entspannend, durchblutungsfördernd, unterstützt die Regeneration der Haut, vermindert die Neubildung von Hornhaut. Das ist mehr als nur Fußpflege. Deine Füße fühlen sich buchstäblich wie neugeboren an.« Wer würde sich nicht gern wie »neugeboren« fühlen?

Dann schauen wir mal, was der Spaß so kostet. Verschiedene Pakete sind im Angebot. Da gibt es etwa das Paket »Special« für vier bis acht Personen. Da ist sogar ein Catering mit eingeschlossen und auf Wunsch kommt der Weihnachtsmann, ein Stripper oder Zauberer. Hoppla! Was ist das denn für ein Etablissement? Nachdem ich nicht unbedingt die Chippendales vor mir rumturnen sehen möchte, während mir die Füße abgenagt werden, entscheide ich mich für das Standardpaket – 30 Minuten für 25 Euro, ein Kaffeegetränk meiner Wahl inklusive.

Ein paar Minuten vor 18 Uhr treffe ich ein. Das hatte ich mir größer vorgestellt. Das Fischknabber-Studio befindet sich im Gebäude der örtlichen Volksbank. Früher muss es wohl mal ein Friseursalon gewesen sein – zumindest erinnert mich der Zuschnitt des Ladenlokals daran. Die Tür steht offen. Es ist ein schwül-heißer Junitag. An der Theke steht ein etwa 35-jähriger Mann und wirkt, als gehöre er gar nicht hierher. Gelangweilter Blick, schlaksige Haltung.

»Guten Tag, mein Name ist Däfler. Ich hatte bestellt.«

»Was denn? Pizza Hawaii?«

Er lacht schallend über seinen Witz. Ich finde ihn nicht so lustig.

»Ja, hier hab ich's. Lies dir das mal durch und unterschreib's.«

Ich bekomme ein Klemmbrett mit einer Einverständniserklärung unter die Nase gehalten. Darin muss ich bestätigen, dass ich keine offenen Wunden habe, nicht an Hepatitis, HIV, Pilzerkrankungen oder MRSA leide. Ich habe zwar keine Ahnung, was MRSA ist oder sind, aber ich setze mal mein Autogramm darunter.

Ich werde gebeten, noch einen Moment Platz zu nehmen, bis alles hergerichtet ist. Dies gibt mir die Gelegenheit, mich umzuschauen. Bevor ich jedoch die Umgebung visuell wahrnehme, meldet mir mein olfaktorischer Sinn: Bäääh! Ein Geruchsteppich liegt in der Luft, der mich an eine Mischung aus Krankenhaus und Schulturnhallenumkleide denken lässt. Ich versuche, nur durch den Mund zu atmen.

Eigentlich ist es nur ein Raum, an dessen Längsseite sich sechs und an dessen kurzer Seite sich nochmals zwei thronartige Sitzgelegenheiten befinden. Vor den insgesamt acht Stationen stehen Würfel aus Plexiglas mit einer Seitenlänge von geschätzt 50 Zentimetern. Darin tummeln sich jeweils etwa 20 besagter Kangalfische. Hinter einem Paravent verbirgt sich der Kosmetikbereich, in dem die normale Fußpflege durchgeführt wird. Ansonsten besticht das Interieur durch anspruchslose Geschmacklosigkeit. Einige mit Handtuchrollen gefüllte Kallax-Regale, allerhand maritim wirkende Nanunana-Accessoires, ein Flachbildfernseher an der Wand sowie eine kleine Theke, auf der zwei Trinkgeldschweine darauf lauern, gefüttert zu werden, und daneben ein DIN-A4-großes Schild »Bar auf die Flosse – keine Kartenzahlung möglich«. Alles klar, ich weiß Bescheid.

Aus mehreren Deckenlautsprechern dödelt HR3 und durch die geöffnete Tür dringt in Abständen von 30 Sekunden der Fluglärm startender Airbusse vom unweit gelegenen Frankfurter Flughafen herein. Der Lautstärkepegel steigt nochmals signifikant an, als vier Mädels im Alter von Anfang 20 den Salon betreten.

»Hallo, Harald«, begrüßen sie den Inhaber, den sie persönlich zu kennen scheinen.

»Ah, die Junggesellinnenabschiedspartytruppe ist da!«, freut sich Harald. »Der Stripper kommt gleich. Er hat sich als Polizist verkleidet.«

Na klasse! Die werden hier Halligalli machen und den falschen Cop vor meinen Augen vernaschen, während ich versuche zu entspannen. Nicht nur das. Harald hat sich entschlossen, sich erst mal um die Damen zu kümmern und mich warten zu lassen. Wenigstens kann ich jetzt schon mal beobachten, wie das hier abläuft.

Nachdem die vier JGAler ebenfalls die Einverständniserklärung parafiert haben, bekommen sie die beiden Plätze an der kurzen sowie zwei auf der langen Seite zugewiesen – auf diese Weise sitzen sie über Eck und können sich unterhalten. Schuhe und Strümpfe werden ausgezogen, Hosenbeine hochgekrempelt und vor allem wird viel gekichert. Harald lässt sich nun von jeder die Füße zeigen und inspiziert diese sorgfältigst. Ist er Fußfetischist? Sodann wird jeder einzelne Fuß mit Desinfektionsspray eingenebelt. Nach dem achten Fuß riecht's hier wie in einem Operationssaal.

Anschließend schleppt Harald der Reihe nach vier mit warmem

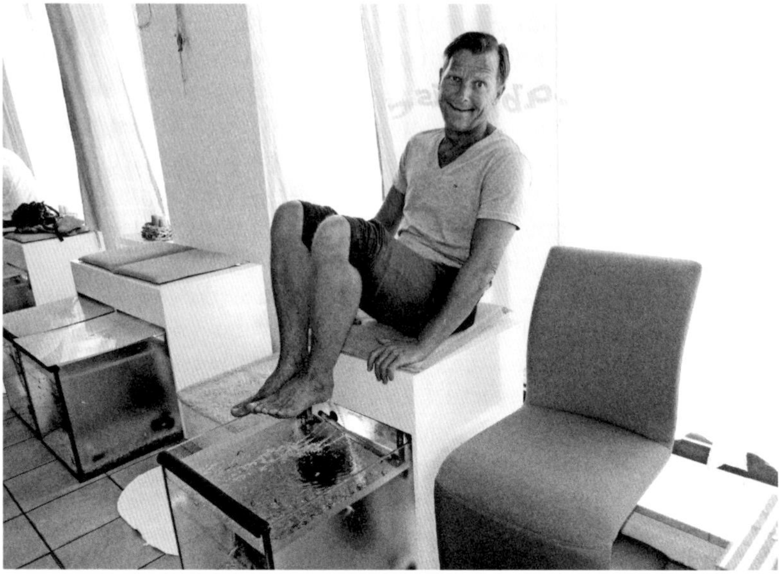

Wasser gefüllte Wannen an und bittet die Mademoiselles, ihre Füße darin zu versenken. Derweil komme ich an die Reihe. Auch meine Füße werden eingehend betrachtet.

»Was ist das da?«, erkundigt sich Harald in einem fast vorwurfsvollen Ton bei mir und deutet dabei auf die Außenseite meines rechten großen Zehs.

»Das ist eine Narbe von einer OP.«

»Wann war das?«

»Im Januar.«

»Dann ist's okay.«

Nun muss ich fünf Minuten warten, bis die Füße aufgeweicht sind. Fünf Minuten, die mir wie eine Ewigkeit erscheinen. Denn: Ich habe Angst. Die Vorstellung, dass gleich 20 ausgehungerte Fische über meine Füße herfallen, versetzt mich in Panik. Dermaßen angespannt war ich das letzte Mal, als ich auf die mündliche Physikabiprüfung gewartet habe. Wenn da jetzt Piranhas statt Kangalfische drinnen sind? Werde ich bis auf den Knochen abgenagt? Wie fühlt sich das an? Ich bin alles andere als entspannt. Warum mache ich nur so einen Scheiß? In meinem nächsten Buch werde ich mich mit anderen Techniken auseinandersetzen – vielleicht wären *Sanftmütig durch Schlafen* oder *Entspannt durch Essen* oder *Gelassen durch Grauburgunder* gute Titel?

Der Blick auf den Fernseher trägt nicht unbedingt dazu bei, mich zu beruhigen. Gezeigt wird nämlich eine Doku über die tropische Unterwasserwelt. Zu sehen sind allerhand bunte, aber auch einige sehr bedrohlich wirkende Fische. Ich zucke zusammen, als eine etwa zwei Meter lange Wasserschlange auf dem Bildschirm auftaucht. Schnell wende ich mich den JGAlern zu. Die sind gerade dabei, ihre Füßchen in das Bassin zu tauchen. Haben sie bislang schon ohne Unterlass gekichert, wird es nun ekstatisch. »Ihhh«, »ohhh«, »ahhh«, »hahahaaaa«. Das ist exakt der Moment, in dem ich beschließe zu flüchten. Die ganze Zeit schon komme ich mir nämlich vor wie Indiana Jones in der Schlangengrube. Diese glibbrigen Wesen sollen sich nicht an meinem Körper zu schaffen machen.

Just als ich aufstehen will, taucht Harald vor mir auf und heißt mich die Füße aus der Wanne zu nehmen und in das würfelförmige Aquarium unter mir zu stecken. Ich habe keine Wahl. Todesmutig lasse ich beide Füße gleichzeitig ins Wasser gleiten. Sofort sind diese umringt von den Kangalfischen. Von Manieren keine Spur – sie legen direkt los. Ich hau mir doch das Essen auch nicht rein, unmittelbar nachdem es auf dem Tisch steht. Da wünscht man sich doch erst mal einen guten Appetit, breitet die Serviette aus und legt das Besteck zurecht. Und ein Tischgebet haben sie auch nicht gesprochen.

Ich muss lauthals lachen. Denn: Es kitzelt wie Sau. Nach einer Minute habe ich mich einigermaßen an dieses Gefühl gewöhnt. Die Fressbrigade macht sich hauptsächlich an meinem Spann zu schaffen. Da habe ich aber gar keine Hornhaut. Dort wo es am nötigsten wäre – an den Fersen –, will niemand knabbern. Haben die was falsch verstanden? Wie kann ich ihnen verständlich machen, dass sie an der falschen Stelle angreifen? Verstehen sie vielleicht Gebärdensprache? Unterhalten sie sich eventuell in Kangalisch? Und: Hat Google dafür eine Übersetzungshilfe?

Während ich mir diese Fragen stelle, kommen mir weitere in den Sinn. Wie ist es, wenn so ein Kangalfisch auf artfremde Genossen trifft und die sich unterhalten? Ist es dann so wie bei uns Menschen und eine der ersten Fragen lautet: »Was machst du so beruflich?« Würde der Kangalfisch dann antworten: »Du, ich bin Hornhautfresser.« Wäre das ein in Fischkreisen angesehener Beruf? Braucht man dafür eine mehrjährige Ausbildung? Gibt es ein duales Ausbildungssystem? Kann man sich an einer Fischuniversität weiterqualifizieren? Es gibt noch so viel, was erforscht werden müsste!

Vom Sinnieren werde ich müde. Ich beobachte die Knabberschar unter mir: Die ist immer noch an meinem Spann zu Werke. Nur zwei tanzen aus der Reihe. Ein Kangalfisch düst dauernd wie blöd die Scheibe hoch und runter. Ist er auf Speed? Hat er ein Trauma? Sucht er einen Fluchtweg? Ist er satt? Hat ihm seine Frau eine Diät verordnet und das ist eine Übersprunghandlung? Der andere Maverick ist schon seit Minuten damit beschäftigt, einen Durchgang zwischen meinem linken großen Zeh und dem daneben zu finden. Warum gibt es eigentlich für den Zeigefingerzeh keinen eigenen Namen? Auch dazu werde ich mir noch Gedanken machen müssen. Der kleine Kangalfisch jedenfalls wird heute Abend hungrig zu Bett gehen müssen, wenn er weiterhin eine Passage zwischen meinen Zehen sucht, statt sich an meinem Ballen oder anderswo zu schaffen zu machen.

Nach Angst und Kitzelgefühlen kommt irgendwann die Langeweile.

So langsam wird mir langweilig. Was könnte ich tun, um für ein wenig Abwechslung zu sorgen? Ich hab's! Ich ziehe spaßeshalber meinen rechten Fuß kurz aus dem Bassin, damit die Kangalfische auch mal frische Luft schnuppern können. Mal gucken, wie lange die es ohne Wasser aushalten? Haha. Eine Sekunde, zwei Sekunden …

»Mensch, bist du verrückt? Die sterben doch, wenn sie draußen sind. Tu sofort deinen Fuß wieder rein«, werde ich von Harald angeblafft. So ein Spielverderber, eine richtige Spaßbremse ist der.

Doch Ablenkung naht. Und zwar in Form eines Paares Anfang 40. Mittlerweile kenne ich ja die Prozedur: Erklärung unterschreiben, Schuhe ausziehen, Füße desinfizieren und begutachten lassen, in Wanne stellen, abwarten und dann den hungrigen Kangalfischen zum Fraß anbieten. Er nimmt rechts von mir Platz, seine Frau daneben. Bei Schritt zwei des Ablaufs drohe ich zu kollabieren. Sobald er sich nämlich seiner Schuhe entledigt hat, strömt ein süßlich-modrig-ekliger Geruch aus selbigen, der einem den Atem raubt. Die Fische in seinem Tank werden einen Sekundentod sterben.

Inzwischen neigt sich meine Fisch-Pediküre dem Ende zu. Zumindest vermute ich das, denn Harald fährt mit einem Trolley vor, wie man ihn aus Flugzeugen kennt. Hier gibt es aber keinen Bordverkauf mit Whiskey und Kippen, sondern mit diversen Fußpflegeprodukten. Mit dem Enthusiasmus einer madagassischen Schnabelbrustschildkröte bietet er seine Produkte feil. Da ich kein Interesse an einer Schrundensalbe oder einer Tinktur habe, die meine Hornhaut innerhalb von 28 Tagen garantiert um 75 Prozent reduziert, rollt Harald weiter zu den JGAlern. Sind es nur seine mangelnd ausgeprägten verkäuferischen Talente oder die hohen Preise, die auch die Mädels vom Kauf abhalten? Egal, Harald parkt den Trolley und bringt mir ein Tablett, auf dem zwei Handtuchrollen, ein Schälchen mit Fußcreme und ein kleines Tütchen Goldbären liegen.

Irgendwie bin ich erleichtert, als ich meine völlig aufgeweichten Füße aus dem Becken ziehe. Doch mich plagen Gewissensbisse: Hätte ich den Kangalfischen vielleicht nicht so abrupt ihr Abendessen wegnehmen sollen? Wäre es geboten gewesen, ihnen ein paar Minuten vorher zuzurufen: »Last orders, gentlemen«? Andererseits: Ich spreche ja kein Kangalisch.

Ich betrachte meine Füße. Also, da hätte ich mir deutlich mehr erwartet. Ich sehe keinen allzu großen Unterschied zum Status quo ante. Unter podologischen Gesichtspunkten bin ich enttäuscht. Und auch was den eigentlichen Anlass betrifft, Entspannung zu finden, bin ich wenig befriedigt. Wie soll man denn relaxen, wenn

- im Radio Popmusik dudelt,
- gleichzeitig im Fernsehen eine Tierdoku läuft,
- derweil vier Mädels unablässig gackern,
- einem der Fußschweiß des Nachbarn die Luft zum Atmen nimmt,
- der Besitzer andauernd rumschlurft, um irgendwelche Sachen zu bringen oder wegzuräumen,
- die Sonne einem durch das Fenster den Rücken verbrennt und
- vor allem wenn 20 Kangalfische mit ihrem permanenten Gewimmel und Geknabber alles andere als Ruhe vermitteln?

Also: Das gibt kein allzu positives Urteil – wenigstens war das mit dem Polizisten-Stripper nur ein Spaß von Harald.

Das Däfler-Test-Ergebnis

Fun-Faktor:	★☆☆☆☆	Sehr bescheiden. Vor dem Event hatte ich Angst, währenddessen das Gefühl, bei lebendigem Leib gefressen zu werden, und danach keine Freude an gepflegten Füßen, weil die Wirkung sehr überschaubar war.
Kosten:	★★★☆☆	Mit 25 Euro keine billige Behandlung, allerdings auch nicht übertrieben teuer. Eine normale Fußpflege kostet in etwa genauso viel.
Durchführbarkeit:	★☆☆☆☆	Eher schlecht, denn Fisch-Pediküren werden längst nicht überall angeboten. So musste ich eine Dreiviertelstunde fahren – und das war das nächstgelegene Angebot.
Zeitbedarf:	★★★★☆	Die gesamte Prozedur – mit vorherigem Fußbad und anschließendem Eincremen – hat etwa eine Stunde gedauert. Das ist nicht allzu lange.
Eignung:	★★★☆☆	Wenn ich mir die Liste mit Krankheiten anschaue, die einen Besuch bei der Fisch-Pediküre ausschließen, dann sind das schon einige Einschränkungen.
Nachhaltigkeit:	☆☆☆☆☆	Nicht vorhanden, nicht einmal während der eigentlichen »Behandlung«. Vielleicht lag es an den Umgebungsbedingungen, vielleicht aber auch daran, dass ich so skeptisch war. Auf jeden Fall: Mir hat's nix gebracht.
Ergebnis	12 von 30 ★	

TEST 17

Meditatives Bogenschießen – immer das Ziel im Auge

Heute darf ich Cowboy und Indianer spielen. Zumindest hoffe ich das, als ich mich ins Auto setze und in den Odenwald aufbreche. Dort findet nämlich der Kurs »Meditatives Bogenschießen« statt. Die Beschreibung im Internet klang zwar etwas sehr esoterisch, traf aber im Kern genau das, was ich für mein Gelassenheitsprojekt suchte: Es ging vor allem ums Loslassen, natürlich auch um Achtsamkeit und das innere Gleichgewicht. Das Bogenschießen sollte mit Übungen des Qigong verbunden werden. Nun, dann hatte ich ja schon eine gewisse Vorbildung.

Das Navi leitet mich zielsicher über kurvige Landstraßen zum Veranstaltungsort. Selbiger erinnert mich auf den ersten Blick mehr an ein Sanatorium als an ein modernes Seminarzentrum. Dafür entschädigt die Umgebung: sanfte Hügel, zum Teil baumbestanden; saftig grüne Wiesen mit grasenden Rindern. Ich schnappe meinen Rucksack und steuere gen Haupteingang. Auf dem Weg vom Parkplatz zum Empfang verstärkt sich der Eindruck, dass es sich hier um eine Reha-Einrichtung handelt: Mehrere Damen und Herren fortgeschrittenen Alters mit verklärtem Blick und schlurfendem Gang begegnen mir. Habe ich mich in der Adresse getäuscht? Ist das vielleicht eine Kurklinik der Barmer GEK und gar nicht das Vitalzentrum Aktives Leben?

Eine Minute später weiß ich, dass ich mich nicht getäuscht habe, denn an der Rezeption markiert eine freundliche Mitarbeiterin mit einem neongelben Leuchtstift meinen Namen auf der Teilnehmerliste und schickt mich eine Treppe hinab ins Souterrain, Seminar-

raum K.04. Dort angekommen, will ich die Tür öffnen, finde diese jedoch verschlossen vor.

»Die ist zu«, kommentiert eine etwa 50-jährige Frau, die wie ein Kleiderständer unbewegt in der Nähe wurzelt, meinen vergeblichen Türöffnungsversuch. Das hätte ich jetzt nicht gemerkt, danke. Sonst ist niemand zu sehen, obwohl es in fünf Minuten losgehen soll. Komisch, vielleicht sind wir nur zu zweit? Der Kleiderständer und ich? Sicherlich wird es nur eine sehr kleine Gruppe sein.

Ich beschließe, nochmals nach draußen zu gehen, um eine zu rauchen und mir das Gelände anzusehen. Das ist wirklich idyllisch. Das Seminarhaus ist von einem Park umgeben, in dem Blumen in allen Tönen des Pelikan-Farbkastens um die Wette strahlen. Eine Wassertretanlage lädt zur Ertüchtigung ein. Zahlreiche verstreut auf den Wiesen aufgestellte Rattan-Liegestühle hauchen ein zärtliches »Mach es dir auf mir gemütlich« aus und von den stattlichen Eichen trällern (meinem Blick verborgene) Vöglein eine Interpretation des Sommerhits *Despacito* von Luis Fonsi. Na ja, zumindest hört es sich für mich so an. Um 15:02 Uhr starte ich einen erneuten Versuch, in den Seminarraum zu gelangen, und muss zu meiner Verwunderung feststellen, dass ich der letzte von zehn Teilnehmern bin.

»Du bist zu spät«, werde ich angeblafft. Von Dagmar. Sie leitet den Kurs und hätte mich gar nicht so vorwurfsvoll begrüßen müssen. Ich hätte allein auf nonverbaler Ebene kapiert, dass sie alles andere als locker drauf ist. Etwa 55 Jahre alt, kurz geschnittene graue Haare, leere Augen, ein verhärmter Blick. Gekleidet mit einem frühlingshaft schwarzen Leinensakko und farbgleicher Hose versprüht sie alles andere als Optimismus und Gelassenheit. Nun – ich sollte nicht so schnell urteilen. Wer weiß, welche Laus ihr über die Leber gelaufen ist?

Da ich der Letzte bin, ist klar, wo ich mich im Raum zu platzieren habe: direkt neben Dagmar. Na toll! Es ist mehr als ein Raum, eher ein Saal, etwa so groß wie drei Klassenzimmer. Bis auf ein zehn Meter langes Wandregal, ein ungefähr gleich langes Podest an der Seite und einigen am Fenster stehenden Kisten ist die Fläche leer. An der rechten Wand stehen zwei quadratische Schaumstoff-Zielscheiben, die auf einer Staffelei thronen und wohl ungefähr einen Meter Seitenlänge haben. Dahinter hängt an einer Art Malergerüst ein riesiger dunkelgrüner Stoff, der sicherlich dazu dienen soll, fehlgeleitete Pfeile abzufangen. Schade. Ich hatte gedacht, dass wir im Freien schießen, hatte aber in Anbetracht des heute stark wehenden Ostwindes schon befürchtet, dass das Ganze nach drinnen verlegt wird. Das Beweisfoto werde ich dennoch draußen machen.

Dagmar hat ein Rechteck aus schmalen, beigefarbenen Wollteppichen auf den Boden gelegt. In dessen Mitte versucht eine flache, wasserbefüllte Schale mit diversen Blüten Zenatmosphäre zu erzeugen. Am Kopfende des Rechtecks nimmt Dagmar Platz – an den beiden Längsseiten hocken je vier Teilnehmer und am anderen schmalen Ende dürfen zwei Bogenschießwillige knien. Als Sitzgelegenheit dienen Meditationsbänkchen, die man sich wie zu heiß gewaschene und angeschrägte Küchenhocker vorstellen darf. Supi, mein Rücken stimmt eine Jubelarie an.

Nachdem ich mich in Position begeben habe, zischt Dagmar: »Du stinkst nach Rauch.«

Puh, wie ist die denn drauf? Ich verkneife mir eine Replik und lächle ganz bewusst. Ohne sich zunächst selbst vorzustellen, fordert die gechillte Dagmar uns auf, zu sagen, weshalb wir da seien. Schweigen. Nachdem keine Reihenfolge vorgegeben wird, vergehen peinliche Momente, in denen sich niemand traut, den Anfang zu machen. Viktor, einer von – mich eingeschlossen – drei Männern, ergreift die Initiative. Er kommt von der Bergstraße und sei da, weil ihn seine Frau geschickt habe, um mal »runterzukommen«. »Herzlichen Glückwunsch! Du musst ja 'ne tolle Ehe haben«, denke ich mir.

Wieder Stille. Haben die anderen Teilnehmer vielleicht den Kurs verwechselt und wollten eigentlich zum Schweigeseminar? Der zweite Mann hat ein Einsehen. Manfred ist im Gegensatz zu Viktor aus freien Stücken da, weil er gerade in einer »Phase der Veränderung« sei und seine »innere Mitte« sucht. »Na, hoffentlich hat die sich kein allzu schwieriges Versteck rausgesucht«, schießt es mir durch den Kopf. Um die Jungsrunde komplett zu machen, schließe ich mich an und sülze etwas von »Entspannung nach anstrengenden Arbeitswochen«.

So verhalten die sieben weiblichen Teilnehmer bislang waren, so mitteilsam sind sie nun. Eine nach der anderen berichtet ausführlichst von den Motiven, hierher zu kommen. Takt und Anstand verbieten es, selbige an dieser Stelle zu wiederholen. Nur so viel: Ich fühle mich wie im Klub der gescheiterten Existenzen. Damit will ich das empfundene Leid meiner Gruppenkolleginnen nicht kleinreden oder mich darüber lustig machen, aber einen Hau haben die alle irgendwie. Na ja – ich bin bestimmt auch nicht ganz normal …

Nachdem nun jeder von jedem weiß, welchen psychischen Knacks er hat, stellt sich Dagmar mit genau zwei Sätzen vor: Sie kommt aus dem Saarland und beschäftigt sich seit fast 30 Jahren mit Zen, Qigong und Bogenschießen. Damit ist offenbar alles Wesentliche mitgeteilt.

Während ich glaubte, wir würden nun eine Anweisung im Bogenschießen erhalten, hat sich Dagmar was ganz anderes ausgedacht. Wir machen nämlich erst mal eine 20-minütige Atemmeditation. Wir sollen uns ausschließlich auf unseren Atem konzentrieren und die Gedanken, die uns kommen, einfach loslassen. Dann schlägt sie auf eine handtellergroße Klangschale und es folgen die langweiligsten 20 Minuten meines Lebens. Bereits nach einem Viertel der Zeit meldet sich meine Wirbelsäule bei meiner Großhirnrinde und fragt an, was der Scheiß soll. Meine Füße melden sich kurz darauf mit einem ähnlich, aber noch drastischer formulierten Vorwurf, den ich hier nicht wiedergeben möchte – und werden wenige Augenblicke später darin von meiner Nackenmuskulatur bestärkt.

Ich bin erlöst, als die Klangschale das Ende der Atemmeditation verkündet. Doch auch jetzt geht es nicht an Pfeil und Bogen. Dafür erhalten wir eine verwirrende Einführung in das Qigong. Ich kann nur deshalb einigermaßen folgen, weil ich noch ein bisschen was vom Transaktionsanalyseseminar – bei dem ja auch Qigong praktiziert wurde – in Erinnerung behalten habe. Dagmars Art zu sprechen ist leider so was von einschläfernd. Kennt man ja von früher, wenn man Schallplatten zu langsam abgespielt hat. Genau so hört sich Dagmar an. Außerdem fügt sie jedem einzelnen Satz (wenn sie ihn denn endlich mal zu Ende gebracht hat) ein »ne?« an.

Insofern bin ich froh, als wir uns erheben und ins Freie gehen dürfen. Dort stellen wir uns im Kreis auf und müssen diverse Qigong-Bewegungen machen, zum Beispiel »Stehen wie eine Kiefer« (kann ich besonders gut, denn da muss man einfach nur stehen und sonst nichts machen). Detaillierte Ausführungen spare ich mir, weil ich das alles ja schon mal beschrieben habe (Stichwort »in den Park scheißen«). Nur eine Besonderheit verdient Erwähnung: Bei einer Übung nämlich passieren wundersame Dinge: Dagmar hat eine zweiminütige Phase, in der sie wie ausgewechselt ist. Zur Lockerung der Muskulatur sollen wir mit dem ganzen Körper wackeln. Bei Dagmar sieht das aus, als ob sie Schüttellähmung hätte. Noch dazu stößt sie orgiastische Laute aus. Bereits bei der nächsten Übung ist sie allerdings wieder ebenso beherrscht-unterkühlt und langsam wie zuvor.

Zeit für eine Kaffeepause. Ich habe keine Lust, mich mit den Psychos zu unterhalten, und gehe im Park spazieren. Eigentlich hätte ich jetzt gar kein Bedürfnis, mir eine Kippe anzumachen, zünde mir aber bewusst eine an, um Dagmar zu ärgern.

Nach der Pause steht dann endlich das Bogenschießen an. Zunächst müssen wir alle einen Armschutz anlegen: eine Art Bandage aus Leder für den linken Unterarm, damit dieser geschützt ist. So muss es sich anfühlen, wenn man eingegipst ist, denn bewegungsfähig ist dieses Körperteil nun nicht mehr. Sieht gar nicht Winnetoulike aus. Alsdann erfolgen die Sicherheitshinweise: Pfeile stets nach unten halten, nie, nie, nie zwischen Zielscheibe und Schützen laufen, nicht an der Bogensehne ziehen, wenn kein Pfeil eingespannt ist, und so weiter.

Eine halbe Ewigkeit später halte ich dann erstmals einen Bogen in der Hand. Selbiger ist ungefähr so groß wie ich und ziemlich leicht.

Viktor (der, den seine Frau geschickt hat) und ich bilden ein Paar. Denn: Das meditative Bogenschießen praktiziert man in der Gruppe. So sind wir zwei Teams à fünf Teilnehmer, wobei jeder in der anderen Gruppe einen Gegenpart hat – meiner ist eben Viktor. Während eine Equipe schießt, sitzt die andere auf Stühlen an der Seite.

Slow-Motion-Dagmar erläutert umständlich, wie der Bogen zu halten, wie der Pfeil einzulegen, wie zu stehen, wie zu atmen, wie der pfeilbespannte Bogen aufzunehmen, wie die Sehne zu spannen, wie die rechte Hand Richtung rechte Wange zu führen, wie der Schuss auszulösen, wie anschließend die rechte Hand zu bewegen und wie schließlich der nächste Pfeil aufzunehmen ist. Ganz schön kompliziert. Und das war's noch lange nicht!

Das Besondere beim meditativen Bogenschießen ist nämlich, dass man genau definierte Schritte in einer detailliert beschriebenen Reihenfolge einhalten muss. (Das erinnert mich an die japanische Teezeremonie.) Also, hier die Vorgehensweise:

1. Die Gruppe stellt sich in einer Linie parallel zu den Zielscheiben (diese sind etwa sieben Meter entfernt) auf.
2. Das äußerst linke Gruppenmitglied läuft nach erfolgtem Klangschalenschlag los, kurz darauf folgt der Nächste, anschließend der Dritte und so weiter. Dabei geht man jedoch nicht Richtung Zielscheibe, sondern beschreitet einen Viertelkreis nach rechts in Richtung Dagmar, die an der Seite auf einem Schemel weilt.
3. Steht die Gruppe wieder auf einer Linie – nun gegenüber von Dagmar und die Zielscheiben zur Linken –, verneigt man sich gemeinsam vor der Lehrerin. Nächster Gong. Der nun am rechten Ende platzierte Teilnehmer dreht sich zweimal um 90 Grad und läuft los, bis er wieder an seiner Ursprungsposition, also parallel zu den Zielscheiben, steht. Die anderen folgen im Gänsemarsch.
4. Nun darf jeder fünf Pfeile abschießen, wobei ausnahmsweise keine Rücksicht auf die anderen genommen werden muss und man in seinem Tempo schießen darf.
5. Ist in der Gruppe der letzte Pfeil geschossen, verneigen sich alle zeitgleich vor der Zielscheibe.
6. Gemeinsam werden die Pfeile aus der Zielscheibe gezogen.

7. Ist dies erfolgt, geht man wieder auf einer Linie zurück zur Schussposition. Dort haben sich inzwischen die jeweiligen Partner aufgestellt.
8. Mit einer Verbeugung übergibt man Pfeil und Bogen und das ganze Prozedere geht von vorn los.

Wem das jetzt kompliziert erscheint, dem sage ich nur: Das war der grobe Ablauf – ich habe etliche Details ausgelassen. Bei allem muss übrigens geschwiegen werden. Es ist totenstill. Eine Atmosphäre wie bei einer Beerdigung.

In Anbetracht des komplexen Vorgehens klappt es anfangs natürlich gar nicht. Dagmar weist uns dementsprechend häufig zurecht und hält immer wieder vorwurfsvoll ihren Zeigefinger vor den Mund als Zeichen, dass wir die Klappe halten sollen. Sie wirkt wie eine verbitterte Grundschullehrerin des ausgehenden 19. Jahrhunderts. Einmal bekommt sie sogar eine Schreiattacke, als Linda einen Pfeil, der ihr beim Einspannen heruntergefallen ist, aufheben will. Ich glaube nicht, dass sie in suizidaler Absicht einen Schritt nach vorn gemacht hat. Aber Dagmar tut gerade so, dem Ton und der Lautstärke ihrer Ermahnung zu schlussfolgern. Beim weißrussischen Militär könnte es nicht strenger zugehen.

Sorgt für einen stabilen Stand, seid gegenwärtig im Moment und fasst euer Ziel fest ins Auge.

Beim Schießen jedenfalls stelle ich mich unerwartet geschickt an. Gleich der erste Pfeil trifft ziemlich genau die Mitte und auch alle weiteren verfehlen ihr Ziel nicht. Und weshalb? Weil ich das Einzige berücksichtigt habe, was mir bei Dagmars sämtlichen Ausführungen bemerkenswert war: »Wenn ihr gute Bogenschützen werden wollt, dann sorgt für einen stabilen Stand, seid gegenwärtig im Moment und fasst euer Ziel fest ins Auge.« Dies ist – in einem übertragenen Sinn – ein fantastisches Rezept für das Leben insgesamt. Allein dafür hat es sich gelohnt, Dagmars Schrullen zu ertragen, und so fällt mein Fazit dann doch recht versöhnlich aus.

Das Däfler-Test-Ergebnis

Fun-Faktor:	★★★☆☆	Das Bogenschießen selbst hat mir wirklich Spaß gemacht. Aber das Rahmenprogramm (Meditieren, Qigong) war nicht mein Ding, deshalb gibt es Abzüge.
Kosten:	☆☆☆☆☆	Mit gut 300 Euro richtig teuer – die Seminargebühren standen leider nicht im Verhältnis zu dem, was geboten wurde.
Durchführbarkeit:	★★☆☆☆	Ist zwar kein einmaliges Angebot, aber dennoch längst nicht so verbreitet wie andere Entspannungsmethoden.
Zeitbedarf:	★★☆☆☆	Schon recht aufwendig, zumal das eigentliche Bogenschießen deutlich zu kurz kam.
Eignung:	★★★★☆	Eine gewisse Reife sollte man mitbringen, sodass das nichts für Kinder ist. Ansonsten sind keine besonderen körperlichen Voraussetzungen erforderlich.
Nachhaltigkeit:	★★★★☆	Sich auf den Moment konzentrieren, zu wissen, wohin man will, und »geerdet« zu sein – das habe ich tatsächlich mitgenommen; und ich erinnere mich oft an das Seminar, wenn ich mal wieder zu hektisch bin.
Ergebnis	15 von 30 ★	

TEST 18

Stricken – zwo links, zwo rechts und entspannt bist du

Für den letzten Selbsttest muss ich den kürzesten Weg zurücklegen: eine Etage nach unten. Seit wir vor drei Jahren in einen Neubau in der Innenstadt von Aschaffenburg gezogen sind, wohne ich wieder in unmittelbarer Nähe meiner Mutter – wir leben in der Dachgeschosswohnung und sie im Stock darunter. Das ist ganz praktisch. So auch heute, als ich mir eine Lehrstunde in Sachen Stricken geben lassen will.

»Wieso kommst du mit deinen 48 Jahren plötzlich auf die Idee, stricken lernen zu wollen? Bist du krank? Hast du Eheprobleme?«

Dass Mütter sich immer gleich so schlimme Gedanken machen. Nein, weder bin ich krank noch habe ich Zoff mit Caroline – alles wunderbar. Ich erzähle ihr von meinem Projekt und dass unsere Freundin Diana behauptet hatte, Stricken sei für sie die beste Entspannungsmethode.

Mama nickt wohlwollend: »Genau das ist es, mein Junge. Beim Stricken kann man herrlich entspannen und die Welt um sich herum vergessen. Es ist auch wirklich ganz einfach.« Nur heute sei es leider schlecht, denn sie müsse in einer halben Stunde aus dem Haus zum Klassentreffen. Die Erika aus Amerika kommt doch. Die ist damals nach der Schule mit einem US-Soldaten nach Alabama gegangen und … Es folgt eine zehnminütige Zusammenfassung der wichtigsten Lebensstationen von Erika. Gut, dass ich da mal wieder auf dem Laufenden bin.

Ein Blick in Mamas Terminkalender offenbart, dass es zwischen Fußpflege, Friseur, Arzttermin und Kaffee mit Freundinnen tatsäch-

lich noch einen freien Slot am nächsten Sonntagnachmittag gibt. Den sichere ich mir gleich – wer weiß, was sonst noch alles dazwischenkommt? Ein unverhofftes Meeting mit dem lokalen Vorsitzenden der proeuropäischen Bewegung »Pulse of Europe«, der sie als Mitstreiterin gewinnen will? Ein unangekündigter Besuch des Oberbürgermeisters zur Würdigung ihrer ehrenamtlichen Verdienste? Vielleicht eine überraschende Stippvisite meines Zwillingsbruders?

Nichts dergleichen passiert und so steht Mama am Sonntag in der Tür. Will sie bei uns einziehen? Was sollen die ganzen Tüten und Kartons? Ich werde es gleich erfahren. Zunächst muss aber ein Kaffee her. Ausreichend mit Koffein versorgt, übernimmt meine Erzeugerin das Kommando und heißt mich, auf der Couch Platz zu nehmen. Sodann werden die mitgeführten Taschen und Boxen entpackt. Jetzt weiß ich auch, wofür meine Erbschaft draufgegangen ist: für den Erwerb von 2642 Wollknäuel unterschiedlichster Farben und Macharten. Ich hätte ihr nie ein iPad schenken und erklären sollen, wie man online bestellt. Erst recht hätte ich ihr nicht die Seite schmusewolle.de zeigen sollen.

Ein gut gemeinter Rat an meine Leser mit Eltern jenseits der 70: Sagt ihnen, dass das Bestellen im Internet eine ganz, ganz gefährliche Sache ist. Ein falscher Klick und man ist in den Fängen der albanischen Internetmafia, die sich dann ins Sparkassenkonto einhackt und alles Ersparte abräumt. Oder sagt ihnen, dass man sich ganz, ganz gefährliche Viren einhandelt, die nicht nur das Tablet oder den PC verseuchen, sondern auch Waschmaschine und Kühlschrank befallen. Macht das wirklich! Sonst verschleudern eure Eltern wohlmöglich die ganze Erbmasse für irgendein unnützes Zeug.

Natürlich weiß ich, dass Mama ihre Wollsammlung nur deshalb angeschleppt hat, weil sie ihre Sache gut machen und helfen will. Was sie tut, das macht sie voller Hingabe und zu 1000 Prozent zuverlässig. Hätte ich mir ja denken können. So jedenfalls komme ich mir vor wie auf dem Kunsthandwerkerflohmarkt des Katholischen Hausfrauenbundes Schweinheim-Gailbach: Außer Wollknäueln liegt nämlich auf unserem Wohnzimmertisch nach wenigen Minuten eine Auswahl von Mamas selbst gefertigten Socken in den Größen 36 bis 47 – einfarbig schwarze ebenso wie solche in Regenbogenfarben und Pastelltönen. Dies sei eine kleine Auswahl ihrer Werke, damit ich mir mal einen Eindruck machen könne, was wir heute lernen würden.

Was? Socken stricken? Nein! Ich wollte nur was ganz Einfaches machen, vielleicht einen Schal für mein Kuscheltier Moppsel oder einen Schlüsselanhänger.

»Mama, Socken sind was für Profis. Ich hatte nicht vor, mehrere Jahre bei dir in die Lehre zu gehen. Ich will nur mal eine Stunde die Nadeln klappern lassen, damit ich weiß, wie sich das anfühlt.«

Ich spüre Enttäuschung.

»Ach so, ich dachte, du würdest mir helfen, Socken zu fabrizieren. Schade.«

Dazu muss man wissen: Seit etlichen Jahren strickt Mama Socken auf Vorrat, verkauft diese dann zur Weihnachtszeit im örtlichen Weltladen, um den Erlös komplett für ein soziales Projekt in Brasilien zu spenden. Ich finde das toll, aber ehrlich gesagt hatte ich nicht vor, sie darin zu unterstützen. Dazu fehlt mir dann doch die Zeit.

Ich erkläre abermals den Zweck des Strickunterrichts – das Ausprobieren einer Entspannungsmethode – und bitte inständigst um eine verständliche Anleitung für einen völligen Novizen.

»Klar, kein Problem. Also, Martin, mein guter Junge, das ist echt primitiv. Wir schlagen erst mal Maschen an.«

Sie nimmt zwei Nadeln, einen grauen Wollknäuel, vollzieht ein paar Zaubertricks mit ihren Händen, und 23 Sekunden später hält sie mir einen fünf Zentimeter breiten Streifen mit Maschen unter die Nase.

»Halt! Nicht so schnell. Ich hab überhaupt nichts mitbekommen. Erklär mir das doch mal.«

»Also gut, jetzt noch mal für Bewegungslegastheniker.«

Hat sie gerade »Bewegungslegastheniker« gesagt? Ich pack's ja nicht. Bevor ich mich beschweren kann, setzt Mama zu ihrer Erklärung an: »Sooo, jetzt schlaaaagen wir Maaaschen aaaaaan.«

»Du musst nicht sprechen wie mit einem mobilitätseingeschränkten Erdmännchen auf Methylphenidat, so dumm bin ich nun auch wieder nicht.«

Jetzt ist Mama etwas verschnupft, setzt ihre Erklärung allerdings fort, und zwar in einem normalen Sprechtempo: »Du nimmst den Faden und legst ihn um den kleinen Finger, wickelst ihn zweimal um den Zeigefinger, ziehst ihn etwas an und führst ihn um den Daumen. Dann gehst du mit der Spitze der Nadel unter die Schlinge und nimmst den um den Zeigefinger gewickelten Faden auf. Den ziehst du dann durch die entstandene Schlinge und streifst ihn ab. Anschließend legst du den Faden wieder um den Daumen und machst so weiter, bis die erforderliche Maschenzahl erreicht ist. Ist doch einfach, oder?«

Ich komme mir tatsächlich vor wie ein mobilitätseingeschränktes Erdmännchen auf Methylphenidat. Mein Gesicht gleicht einem Drittklässler, dem gerade die Lonely Runner Conjecture aus dem Gebiet diophantischer Approximation erklärt wird.

»Mama, ich verstehe gar nichts.«

»Ach, Sohn, du stellst dich aber auch blöd an.«

Ich liebe ihre entwaffnende Ehrlichkeit!

Nein, tue ich natürlich nicht, aber ich schlucke meinen Stolz hinunter und bitte – fast devot –, mir doch etwas zu zeigen, was auch ich hinbekomme.

»Gut, dann verzichten wir auf Randmaschen. Und was ›kraus stricken‹ bedeutet, brauch ich dir auch nicht zu erklären. Machen wir halt nur rechte Maschen, damit du nicht durchdrehst.«

Höre ich da einen leicht schnippisch-überheblichen Ton? Ist das die Retourkutsche für meine vielleicht mitunter zu ungeduldige Art, wenn ich ihr das iPad erkläre? Tja, alles im Leben kommt zu einem zurück.

»Alsoooo, du musst bei den reeeeechten Maaaaschen …«

»Maaaaamaaaa!!! Ich bin nicht behindert.«

»Ach so, also, bei den rechten Maschen musst du vor allem aufpassen, dass du mit der Nadelspitze unter die ganze Masche kommst und …«

Den Rest ihrer Ausführungen verstehe ich nicht mehr, denn ich bin fasziniert, wie schnell sie dabei mit den Nadeln hantiert und innerhalb weniger Minuten ein respektables Stück Schal produziert hat. Allein das Zuhören und -schauen treibt mir Schweißperlen auf die Stirn. Ich glaube, sie könnte sofort als Neurochirurgin arbeiten und Operationen am offenen Gehirn vornehmen. Eine solche Fingerfertigkeit werde ich nie erzielen.

Für heute muss ich abbrechen. Mir ist das einfach zu viel.

»Du, Mama, die vom Heim haben gerade angerufen, im Singkreis warten sie auf dich.«

Mit Mühe kann ich verhindern, dass sie mich mit einer ihrer Stricknadeln ersticht. Ich solle nicht so frech sein und mal ein wenig mehr Respekt vor dem Alter haben. Ist ja gut. Wir gehen raus auf unsere Dachterrasse, rauchen noch eine zusammen und verabreden uns für den folgenden Donnerstagnachmittag, an dem ich nichts vorhabe, dann wollen wir den Strickunterricht fortsetzen.

Stricken scheint das neue Yoga zu sein – und reduziert das Alzheimer-Risiko.

Die folgenden Nächte kann ich nicht durchschlafen, erwache mehrfach schweißgebadet aus wilden Träumen, in denen ich – einem Voodoopüppchen gleich – auf der Couch sitze und mit Stricknadeln gepiesackt werde. Derweil vernehme ich ein ohrenbetäubendes Stricknadelklappern und sehe einen drei Meter hohen Wollknäuel vor mir, der mich anbrüllt: »Du musst mit der Spitze der Nadel unter die Schlinge …«

Die bis Donnerstag verbleibende Zeit nutze ich für Recherchen. So erfahre ich, dass sich Dr. Herbert Benson von der Harvard Medical School wissenschaftlich mit den Wirkungen des Strickens auseinandergesetzt hat. Er meint: »Die Arbeit mit Wolle beseitigt Stress. Genau wie Meditation oder Beten ermöglicht Stricken die passive Freisetzung abschweifender Gedanken. Die rhythmische und monotone Qualität des Strickens, zusammen mit dem Klicken der Stricknadeln, ähnelt einem beruhigenden Mantra. Die Gedanken können lose umherschweifen, während sich der Verstand auf die Strickarbeit konzentriert.« Stricken scheint also das neue Yoga zu sein. Die ultimative Steigerung wäre Stricken, während man Yoga macht. Das wäre doch mal ein neuer Trend: Strick-Yoga. Vielleicht sollte ich das ins Leben rufen? Ich würde berühmt und reich.

Damit nicht genug der positiven Wirkungen: Wissenschaftler der Mayo Clinic in Minnesota haben herausgefunden, dass regelmäßiges Stricken oder Häkeln im Alter von 50 bis 65 Jahren das Risiko, im Alter von 70 bis 85 Jahren an Demenzerkrankungen wie Alzheimer zu erkranken, um 40 Prozent reduziert. Stricken gegen das Vergessen! Krankenkassendirektoren aufgepasst: Statt teure Pillen zu bezahlen, solltet ihr Stricknadeln unters Volk bringen!

Das Beste aber ist: Stricken verbrennt etwa 110 Kalorien pro Stunde. Das haben Forscher der University of Plymouth in England herausgefunden. Hinzu kommt, dass Handarbeiten die gleichen Gehirnareale aktiviert, in denen auch das Hungergefühl angesiedelt ist. Wer sich mit Stricknadel und Wolle ablenkt, hat daher keinen Heißhunger auf Chips und Schokolade. Hammer – statt sich mit irgendwelchen Diäten zu quälen, muss man nur Mützen oder Pullover stricken und schon purzeln die Pfunde.

Durch diese sehr erfreulichen Erkenntnisse bin ich hoch motiviert, als ich am Donnerstagnachmittag bei Mama am Esszimmertisch sitze und zwei Stricknadeln in den Händen halte.

»Ich hoffe, du bist heute etwas geduldiger und geschickter als am Sonntag«, eröffnet Mama ihren Strickunterricht. Pädagogisch-didaktisch ist ihre Äußerung sehr anspornend. Älteren Menschen muss man wohl ihre mitunter sehr direkte Art der Meinungsäußerung nachsehen. So tue ich dies und lächle schweigend.

»Wir machen was ganz Simples: In der Hinrunde stricken wir rechte Maschen. In der Rückrunde gibt's dann linke Maschen.«

Hinrunde? Rückrunde? Ist das die Fußballbundesliga? Wenn ich mit den rechten Maschen durch bin, darf ich mich dann Herbstmeister nennen? Bekomme ich nach erfolgreicher Absolvierung der Rückrunde eine Strickmeisterschaftsschale überreicht und werde mit Champagner geduscht? Werde ich im offenen Cabrio durch die

Aschaffenburger Innenstadt gefahren und werfen mir Tausende von jubelnden Fans am Straßenrand Wollknäuel zu?

»Halloooo? Bist du noch bei mir?«

»Ja, klar, Mama, ich hatte nur gerade so einen Gedanken.«

»Also, jetzt bitte mal mit voller Konzentration! Noch mal: Zuerst legst du den Faden um deine linke Hand. Die Handinnenfläche zeigt dabei zu dir. Den Knäuelfaden wickelst du zweimal um deinen ausgestreckten Zeigefinger. Damit spannst du beim Stricken den Faden. Der Rest des Fadens hängt dann in deiner Handfläche nach unten. Daumen und Mittelfinger halten die Maschen auf der Nadel leicht fest. Die andere Nadel kommt in die rechte Hand. Von unten stichst du mit der Nadelspitze in die erste Schlinge und ...«

Weiter kann Mama nicht sprechen, denn ich unterbreche sie: »Ich kann mir das alles nicht merken.«

»Du stellst dich aber auch an. Das lernen die Kinder in der Grundschule.«

»Ja, aber da ist man für solche Sachen vielleicht auch aufnahmefähiger als mit knapp 50«, blaffe ich zurück. Vielleicht gibt es ja fürs Strickenlernen nur ein bestimmtes Zeitfenster, das sich nach dem 14. Geburtstag für immer schließt? Mein »Window of opportunity« ist nicht nur verschlossen, sondern vermauert – mit Stahlbeton der höchsten Festigkeitsklasse. Ich beschließe, das Projekt »Stricken« an dieser Stelle abzubrechen. Wahre Größe bedeutet, sich auch mal einzugestehen, dass man etwas nicht kann. In der Niederlage zeigt sich der Charakter eines Menschen. Genau!

Mama tröstet mich: »Das muss dich nicht ärgern, dass du das nicht geschafft hast. Du hattest ja schon immer feinmotorische Störungen.« Es geht doch nichts über eine offene Mutter-Sohn-Beziehung, in der man sagen darf, was man denkt, in der man schonungslos mit der Wahrheit konfrontiert wird und in der man sich nicht hinter beschönigenden Formulierungen versteckt. Nun ja – manchmal wäre es vielleicht doch ganz schön, wenn man nicht ganz so ungeschminkt mit der Realität konfrontiert würde.

»Du kannst es ja noch mal mit Häkeln probieren, das geht wirklich total einfach«, rät mir Mama. Ist eine Überlegung wert, aber vorläufig bin ich zu gefrustet, um mich einer weiteren Handarbeitsmethode zuzuwenden. Dementsprechend ernüchtert fällt mein Urteil aus.

Das Däfler-Test-Ergebnis

Fun-Faktor:	☆☆☆☆☆	Spaß? Was soll spaßig daran sein, wenn man seine eigenen Unzulänglichkeiten so deutlich vor Augen geführt bekommt? Ich kann mir vorstellen, dass Menschen, die das Stricken beherrschen, daran auch eine Menge Freude haben – ich jedoch nicht.
Kosten:	★★★☆☆	Das Handwerkszeugs (Stricknadeln) ist nicht teuer. Was zu Buche schlägt, ist die Wolle. Dafür erhält man jedoch auch einen Gegenwert: das daraus gefertigte Stück.
Durchführbarkeit:	★★★★★	Außer unter der Dusche lässt sich wohl so ziemlich überall das Strickzeug auspacken – keinerlei Raum- und Zeitbeschränkungen.
Zeitbedarf:	★★★☆☆	Schwierig zu beurteilen. Hat man ja selbst in der Hand (im wahrsten Sinne des Wortes), wie viel Zeit man damit verbringt.
Eignung:	★★☆☆☆	Sicherlich stellt sich nicht jeder so dämlich an, wie ich es getan habe. Könnte mir aber denken, dass es vielen anderen (älteren, männlichen) Menschen ähnlich wie mir geht und Stricken allein aus motorisch-kognitiven Gründen nicht infrage kommt.
Nachhaltigkeit:	★★★★☆	Kann ich eigentlich nicht beurteilen, da ich das Projekt ja abgebrochen habe. Aber wenn ich mir meine Mama anschaue und den Einfluss des Strickens beurteile, dann denke ich schon, dass es nachhaltig wirkt.
Ergebnis	17 von 30 ★	

SCHLUSSWORT

Mein persönliches Fazit

Der letzte Punkt auf meiner Liste ist erledigt. Zugleich stolz und ein bisschen wehmütig sitze ich im Wohnzimmersessel und lasse mein Projekt Revue passieren. Ein knappes Jahr hat es gedauert, alle Methoden zu testen, die meine Freunde vergangenen Herbst vorgeschlagen hatten. Was habe ich nicht alles erlebt! Ich lernte zu meditieren und zu stricken (beinahe jedenfalls). Ich war an Land (im Rheingau) und im Wasser (beim Floating) unterwegs. Ich stand frühmorgens im Main beim Fliegenfischen, saß auf dem Pferdesattel, verrenkte mir meine Knochen beim Yoga und wurde mit Klangschalen in den Schlaf versetzt. Beim Bogenschießen musste ich schweigen, beim Vortrag zuhören und beim Qigong-Seminar über meine inneren Antreiber sprechen.

So viele Menschen sind mir begegnet, manche tiefenentspannt, manche mit einem eher dünnen Geduldsfaden. Unauffällige, durchschnittliche Alltagstypen liefen mir ebenso über den Weg wie solche, deren Einweisung in die Psychiatrie kurz bevorzustehen schien. Hochgebildete, vergeistigte Zeitgenossen habe ich getroffen, aber auch Menschen, die mit beiden Beinen fest auf dem Boden der Realität standen. Mit Hektikern hatte ich zu tun, genauso wie mit Individuen, denen man beim Gehen die Schuhe hätte beschlagen können.

Kurz: Ich habe in den zurückliegenden Monaten wirklich viel erlebt und erfahren. Was bleibt als Fazit? Ich war ja ausgezogen, um mir ein eigenes Bild davon zu machen, welche Gelassenheitsmethoden helfen und welche nicht. Meine ganz persönliche Hitliste der 18 Entspannungsmethoden sieht gemäß der erreichten Anzahl an Sternen so aus:

Entspannungsmethode	Sternezahl
Yogakurs	26
Wein-Walk	23
Entrümpelungsaktion	21
Fitnessstudio	21
Thaimassage	21
Japanische Teezeremonie	20
Tätowieren	18
Qigong-Seminar	18
Fliegenfischen	18
Entschlackungskur	18
Stricken	17
Klangreise	16
Reiterhof	15
Mandala-Malkurs	15
Vortragsabend	15
Meditatives Bogenschießen	15
Floating	14
Fischiküre	12

Damit hätten wir also einen »Gewinner«: Yoga. Ich betrachte die Hitliste eingehend und frage mich: Ist das jetzt wirklich eine seriöse Übersicht? Kann man tatsächlich ein objektives Urteil abgeben? Habe ich die richtigen Kriterien verwendet? Ist es möglich, dass ich die »falschen« Methoden getestet habe? Gibt es eventuell andere, viel bessere Techniken, die einem Gelassenheit verschaffen? Hätte ich vielleicht mit Lamas wandern, mit Delfinen schwimmen oder mit Huskys zum Nordkap aufbrechen sollen? Wäre statt einer thailändischen Massage eher eine ayurvedische zu empfehlen gewesen? Vielleicht hätte ich beim Stricken, Mandalamalen und der Entschlackungskur mehr Geduld aufbringen sollen? Je länger ich über diese Fragen nachdenke, desto klarer wird mir: Was man zur Entspannung macht, ist etwas höchst Individuelles. Meine Ergebnisliste stimmt. Aber nur für mich. Und auch das nur bedingt. Denn: Beim Reiten bin ich beispielsweise nur auf 15 Punkte gekommen, bin aber seitdem regelmäßig auf dem Reiterhof.

Entspannung ist etwas höchst Individuelles!

Hätte meine Frau sämtliche Tests absolviert, wäre sie wahrscheinlich zu einem anderen Ergebnis gelangt. Und Pia, die mir das Bogenschießen empfohlen hat, hätte sicherlich ihre Sterne auch anders vergeben.

Was werde ich nun meinen Freunden sagen, wenn wir uns nächste Woche bei Andreas treffen und ich gebeten werde, ein Resümee meines Projekts zu ziehen? Ich glaube, es ist vor allem eines, was ich durch meinen Selbstversuch gelernt habe: Geduld und Gelassenheit zu erlangen, kann ganz schön anstrengend sein! Wir hetzen vom Qigong-Workshop zum Vortragsabend, wir stehen mitten in der Nacht auf, frieren uns alle Gliedmaßen ab, zerren uns die Muskeln und riskieren sogar unser Leben bei der Massage (Stichwörter »drohender Wirbelsäulenbruch« und »Verbrühung«). Das Fazit meines Gelassenheitsprojekts lautet daher:

Wir haben nicht nur Stress auf der Arbeit, im Haushalt und mit den Kindern, sondern machen ihn uns in unserer Freizeit auch noch selbst, indem wir krampfhaft versu-

chen, uns zu entspannen und gelassener zu werden. Das kann's doch nicht sein!

Natürlich empfindet ein Reiter die Zeit im Sattel als beruhigend und erlebt der meditierende Bogenschütze die Stunden des Schweigens als Wohltat. Unbestritten steht der Fliegenfischer sonntags freiwillig auf, um seiner Leidenschaft nachzugehen, und kehrt erfüllt zurück. Einer japanischen Teezeremonie zu folgen, ist zweifelsohne eine angenehme Erfahrung. Und Qigong ist eine gute Idee, um den Geist zur Ruhe kommen zu lassen. Dennoch füllen wir – egal, mit welcher Aktivität – nur wieder unseren Kalender und verbringen unsere freie Zeit damit, etwas zu tun. Vielleicht täte es gut, über einen Gedanken des französischen Mathematikers und Philosophen Blaise Pascal nachzudenken und ihn dann auch öfter mal umzusetzen:

> *»Das ganze Unglück der Menschen rührt allein daher,*
> *dass sie nicht ruhig in einem Zimmer zu bleiben vermögen.«*

Darüber hinaus sind es fünf Schlussfolgerungen, die ich für mich gezogen habe:

1. Bewege dich öfter mal – egal, ob das jetzt Yoga, Reiten, Fitnesstraining oder Eisstockschießen ist.
2. Konzentriere dich auf das, was du gerade tust, und führe deine Handlungen ganz bewusst aus – egal, ob das jetzt die Zubereitung von Tee, das Abschießen eines Pfeils oder das Waschen der Buntwäsche ist.
3. Gönne dir hin und wieder mal was Angenehmes, insbesondere für deinen Körper – egal, ob das jetzt Floating, eine Massage, eine Fischiküre oder ein Vollbad an einem stinknormalen Mittwochabend ist.
4. Gehe einem Hobby nach, das dich alles andere vergessen lässt – egal, ob das jetzt Fliegenfischen, Stricken oder Extremstbügeln ist.
5. Lass dich gelegentlich von den Gedanken anderer inspirieren – egal, ob das durch einen Vortrag, ein Qigong-Seminar oder das Gespräch mit einem guten Freund passiert.

In diesem Sinne lasse ich jetzt die Tastatur ruhen, hole mir ein Bier aus dem Kühlschrank und rufe meinen Freund Fritzi an.

Bleiben Sie gelassen!

Ach ja: Wenn Sie Ideen haben, welche weiteren Entspannungsmethoden Professor Däfler testen soll, oder wenn Sie ihm mitteilen wollen, wie Ihnen sein Gelassenheitsprojekt gefallen hat, dann schreiben Sie ihm: mn@daefler.de.

Der Autor

Prof. Dr. Martin-Niels Däfler wurde 1969 in Mainz geboren und hat in Würzburg sowie Adelaide (Australien) BWL studiert. Danach war er für die Boston Consulting Group sowie den Deutschen Sparkassen- und Giroverband tätig. Seit 2010 lehrt Däfler als hauptamtlicher Professor an der FOM Hochschule in Frankfurt/Main. Als Redner, Trainer und Coach ist er deutschlandweit ein gefragter Experte für die Themen Stressabbau, Resilienz und Burn-out-Prophylaxe. Zahlreiche Bücher, Vorträge und Interviews haben ihn zu einem der bekanntesten Fachleute auf diesem Gebiet gemacht. Däfler hat zwei Kinder und lebt mit seiner Frau in Aschaffenburg.

Dein Leben

Dein
Leben

Inspirierende Impulse und praktische Tipps, die Ihr Leben leichter, besser und schöner machen.

Marco von Münchhausen
Konzentration

ISBN
978-3-86936-719-4
€ 19,90 (D)
€ 20,50 (A)

Steffen Ritter
Selbstbewusstsein

ISBN
978-3-86936-724-8
€ 19,90 (D)
€ 20,50 (A)

Katharina Maehrlein
Achtsamkeit ganz praktisch
ISBN 978-3-86936-759-0
€ 15,00 (D) / € 15,40 (A)

Thomas Tuma
Der moderne Mann
ISBN 978-3-86936-728-6
€ 15,00 (D) / € 15,40 (A)

Christo Foerster
Dein bestes Ich
ISBN 978-3-86936-723-1
€ 29,90 (D) / € 30,80 (A)
Nicht als E-Book erhältlich

Cordula Nussbaum
Geht ja doch!
ISBN 978-3-86936-626-5
€ 24,90 (D) / € 25,60 (A)

Kathrin Sohst
Zart im Nehmen
ISBN 978-3-86936-688-3
€ 24,90 (D) / € 25,60 (A)

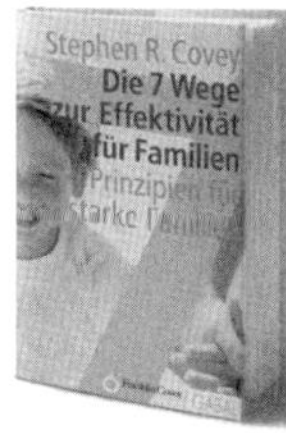

Stephen R. Covey
Die 7 Wege zur Effektivität für Familien
ISBN 978-3-89749-728-3
€ 29,90 (D) / € 30,80 (A)

E-Book **Alle Titel auch als E-Book erhältlich**

gabal-verlag.de